Heinrich Ostertag

Der philosophische Gehalt des
Wolff-Manteuffelschen Briefwechsels

CHRISTIAN WOLFF
GESAMMELTE WERKE
MATERIALIEN
UND DOKUMENTE

Herausgegeben von J. École · J. E. Hofmann †
M. Thomann · H. W. Arndt · Ch. A. Corr

Band 14

H. Ostertag
Der philosophische Gehalt des
Wolff-Manteuffelschen Briefwechsels

1980

Georg Olms Verlag
Hildesheim · New York

HEINRICH OSTERTAG

Der philosophische Gehalt des Wolff-Manteuffelschen Briefwechsels

1980

Georg Olms Verlag
Hildesheim · New York

Abhandlungen zur Philosophie
und ihrer Geschichte, 13.
(Hrsg. R. Falckenberg)
Dem Nachdruck liegt das Exemplar der
Universitätsbibliothek Erlangen zugrunde.
Signatur: Phs. X 56
Das Format des Nachdrucks ist kleiner als das der Vorlage.

Nachdruck der Ausgabe Leipzig 1910
Mit freundlicher Genehmigung des Verlages
Quelle & Meyer, Heidelberg
Printed in Germany
Herstellung: Hain-Druck KG, Meisenheim/Glan
ISBN 3 487 06967 9

ABHANDLUNGEN ZUR PHILOSOPHIE UND IHRER GESCHICHTE

HERAUSGEGEBEN VON

PROFESSOR DR. R. FALCKENBERG

ZU ERLANGEN

HEFT 13

DR. HEINRICH OSTERTAG: DER PHILOSOPHISCHE GEHALT DES
WOLFF-MANTEUFFELSCHEN BRIEFWECHSELS

1910
VERLAG VON QUELLE & MEYER IN LEIPZIG

DER PHILOSOPHISCHE GEHALT

DES WOLFF-MANTEUFFELSCHEN

BRIEFWECHSELS

VON

DR. HEINRICH OSTERTAG

1910

VERLAG VON QUELLE & MEYER IN LEIPZIG

Druck von C. G. Naumann, G. m. b. H., Leipzig.

Inhaltsverzeichnis

Einleitung.

Für die Kenntnis und das Verständnis der Philosophie Leibnizens sind bekanntlich seine Briefe von eminenter Bedeutung. Wesentlich anders steht es in dieser Beziehung mit demjenigen Denker aus der Leibnizischen Schule, der dem Meister wohl am nächsten gekommen ist und erfolgreich wie kein anderer für die Systematisierung und Popularisierung seiner Lehren gewirkt hat, — mit Christian Wolff. Seine Gedanken liegen uns in ebenso zahlreichen als umfänglichen Lehrbüchern „gründlich" entfaltet vor und, wenn die Wolffische Philosophie vielleicht immer noch an vereinzelten Punkten problematisch erscheint, so ist jedenfalls Mangel an quellenmäßiger Literatur nicht daran schuld. Schwierigkeiten erwachsen der Forschung eher aus einem Zuviel der Urkunden. Demnach ist es nicht überraschend, wenn hinter den Büchern Wolffs seine Briefe zurücktreten. Und doch ist eine nicht kleine Anzahl davon bekannt geworden[1]), deren philosophische Bedeutung z. T. unverkennbar ist.

In dieser Hinsicht noch nicht genügend gewürdigt ist ein Briefwechsel, der mindestens ebensosehr wie die bereits publizierten eine

---

[1]) Ich verweise z. B. auf Wolffs Korresp. mit Leibn. ed. v. Gerhardt; Briefe v. W. aus d. J. 1719—1753, Petersb. Akad. 1860; Büsching, Beiträge I u. Harnack, Gesch. d. Berl. Ak. (Urk.-Bd.); Solutio dubii Act. Er. 1708; W.s Respons. ad ep. Keill Act. Er. 1710 u. W.s gesammelte kl. Schr. I 257 ff.; Ep. pro Bernoullio Act. Er. 1716; Ep. gratul. ad Menschingium 1721; Ep. grat. ad Unruh 1722; Ep. grat. de util. art. inv. 1733; Ludovici, Hist. d. W. Phil. I 1737, 2. A. S. 65, II 1738, S. 656, § 749, III 1738 S. 322f. § 361; Ludov. Sammlg. d. sämtl. Streitschr. 1737 I 294 ff.; Versuch e. Erk. d. göttl. Wirk. etc. in e. phil. Briefw. zw. W. u. Meister, Nürnberg 1751; Le Sueur, Maupertuis et ses correspondants, Paris 1897; Wuttke Selbstbiogr. W.s, S. 100 ff.; Mosheim, Kirch.-Gesch. 6. Bd. XXXIV ff.; Z Ph Kr 1884, S. 292 ff.; Resp. ad Epist. Kochii 1716.

Veröffentlichung verdient. Er befindet sich auf der Leipziger Universitätsbibliothek und trägt den Titel: C. E. Com. de Manteuffel et Chr.
de Wolff Ep. Mvtvae. Er ist handschriftlich erhalten, zum Teil
im Original (so vor allem Wolffs Briefe), ·zum Teil in Kopien und
besteht aus drei Konvoluten, die foliiert sind. Der Briefwechsel er-
streckt sich über die Jahre 1738—1748 und zwar enthält Band I
die Briefe von 1738—1742, Band II die von 1743—1746 und
Band III die von 1747—1748. Der 3. Band ist der stärkste, dann
folgt der Größe nach der 2. Beteiligt an dieser Korrespondenz sind
in erster Linie, wie schon der Titel sagt, Wolff und Manteuffel. Aber
es finden sich auch noch einzelne Briefe von anderen Gelehrten, so
z. B. von Formey, Jerusalem, Reinbeck, Vernet etc., und außerdem
einige handschriftliche Gutachten. Im allgemeinen sind die Briefe
der zeitlichen Reihenfolge nach geordnet. Manche sind zwei- oder
mehrfach vorhanden. Daneben gibt es aber auch größere und kleinere
Lücken im Briefwechsel.

Der Hauptinhalt ist ein doppelter, ein persönlicher und ein wissenschaftlicher. Manteuffel, ein Mann von regem geistigen Interesse,
früher sächsischer Minister, seit 1733 in Berlin, gehörte zu dem
dortigen Kreis der Anhänger Wolffs. Er gründete die — im Briefwechsel mehrmals erwähnte — Gesellschaft der Alethophilen, die sich
die Beschäftigung mit der Leibniz-Wolffischen Philosophie zur Aufgabe machten. Zusammen mit dem Hofprediger Reinbeck verwendete
er sich für die Person und die Lehre Wolffs am Hof und in den
Zirkeln der feinen Gesellschaft. Später siedelte er nach Leipzig über.
Nicht mit Unrecht nennt ihn Wolff im Briefwechsel mehrmals seinen
Maecenas. Brieflich scheinen sich jedoch die beiden nicht vor 1738,
dem Beginn unserer Korrespondenz, näher getreten zu sein. Umso
reger gestaltete sich dann der schriftliche Verkehr, der bis kurz vor
dem Tode Manteuffels (Anfang 1749) unterhalten wurde. Für die
Lebensgeschichte Wolffs von 1738—1748 enthält der Briefwechsel
eine Reihe von beachtenswerten Mitteilungen. Indessen ist er in
dieser Beziehung bereits von Wuttke in seiner Wolffbiographie
(Leipzig 1841) verwendet worden.[1]

[1] Cf. auch die Hinweise bei Büsching I; Danzel, Gottsched u. s. Zeit;
Biedermann, Dtschld. im 18. Jhdt.

Eine Bearbeitung seines philosophischen Gehaltes existiert noch nicht[1]), und doch läßt sich hier mancherlei wertvolles Material zu Tage fördern. Ein neues Verständnis Wolffs erschließt der Briefwechsel natürlich nicht. Er bestätigt an seinem Teile nur die bisherige Beurteilung. Trotzdem ist die Nachlese nicht unbedeutend, und wohl jedes der sechs Kapitel, am meisten das zweite und dritte, dürfte gänzlich Neues bieten. Die Eigenart der philosophischen Erörterungen des Briefwechsels besteht darin, daß sie überwiegend an aktuelle literarische Erscheinungen anknüpfen. Daher die Musterkarte der Themata (von denen wir natürlich nur die wichtigsten reproduzieren) und der fragmentische Charakter ihrer Behandlung. Wir werden hineinversetzt in ein Jahrzehnt flutenden wissenschaftlichen Lebens einer für Deutschlands Geistesgeschichte so überaus wichtigen Periode. Wir sehen ein Stimmungsbild davon gleichsam von der Studierstube eines der führenden Denker aus. Neben Wolffs Beiträgen treten selbstverständlich die der anderen Korrespondenten an Bedeutung zurück. Manteuffel hat bei aller Bewunderung für den gelehrten Freund doch schwerlich jemals seine Gedankengänge vollständig begriffen. Er beschränkt sich vielfach auf wohlklingende französische Phrasen und überschwengliche Lobsprüche, und wenn ihn Wolff gelegentlich um sein Urteil in gelehrten Dingen bittet, so ist das nur als ein Akt der Höflichkeit zu betrachten. Das unbestreitbare Verdienst Manteuffels liegt vielmehr in seiner Übersetzertätigkeit und den Anregungen wissenschaftlicher Art, die er Wolff gab, indem er ihn über Neuerscheinungen des Büchermarktes auf dem Laufenden erhielt, den Vermittler zwischen ihm und anderen Gelehrten spielte und ihm wohl auch aus Eigenem Fragen vorlegte.

Daß der ganze Briefwechsel unter dem Zeichen Wolffischen Denkens steht, zeigt sich auch darin, daß sich die Anordnung der Kapitel — abgesehen vom einleitenden ersten — am ungezwungensten in losem Anschluß an die Teile des Systems gestaltet. Das 2. Kapitel (La Philosophie des Dames) entspricht ungefähr der Logik, das 3. (Naturphilosophie) der Ontologie und Kosmologie. Beim 4. (Psychoogie), 5. (Religionsphilosophie) und 6. (Praktische Philosophie) ist

[1]) Biedermann II, 1. S. 402 ff. kommt nicht ernstlich in Betracht.

der Parallelismus ohnedies klar. Was in philologischer Beziehung die Reproduktion der Handschriften betrifft, so ist die oft merkwürdig unregelmäßige Orthographie unverändert gelassen. Ebenso sind Unregelmäßigkeiten in der Interpunktion stehen geblieben, kleine offenkundige Schreibversehen dagegen ohne weiteres ausgebessert und grammatische wie stilistische Unregelmäßigkeiten in den deutschen, lateinischen und französischen Texten nicht ausdrücklich durch sic! hervorgehoben worden.

Endlich sei der Leipziger Universitätsbibliothek, die dem Verfasser den Briefwechsel in außerordentlich zuvorkommender Weise zur Verfügung stellte, hiermit der ehrerbietigste Dank gesagt!

1. Kapitel:
Der Doppelcharakter der Philosophie.

Die Aussagen unseres Briefwechsels über Begriff und Wesen der Philosophie führen uns sofort in charakteristischer Weise in die Gedankenwelt Wolffs und seiner Zeit ein.

Bekanntlich leitet Wolff seine Definition der Philosophie von dem Begriff des Möglichen ab. Philosophia est scientia possibilium, quatenus esse possunt oder ausführlicher: Est Philosophia scientia omnium possibilium qua talium, ita ut ad obiectum Philosophiae referri debeant res omnes, qualescumque fuerint, qualescumque esse possunt, sive existant, sive non (cf. Aërom. Elem. Praef.; Log. Disc. prael. § 29; Ratio praelect. Sect. II cap. 1 § 2/3). Diese Definition begegnet uns vielleicht aus zufälligen Gründen im ganzen Verlauf des Briefwechsels niemals. Dafür findet sich eine Bezeichnung, die in jener Zeit ein popularphilosophisches Schlagwort ersten Ranges war, in der sowohl die Emanzipation der modernen Philosophie von der Theologie wie auch ihre grundlegende Bedeutung für das gesamte menschliche Leben zum Ausdruck kommt, eine Bezeichnung, die Wolff auch sonst in seinen Werken als gangbare Münze gebraucht — die Bezeichnung „Weltweisheit". (Cf. Stellen wie: „Ich als ein Weltweiser lebe in mundo rationali" — „Wie Neumann als ein Theologus redete oder . . . wie ich als ein Weltweiser zu sagen pflege" I 39; II 166, 276, 347; III 386, 552 etc).

Diese eindeutig als Weltweisheit bestimmte Philosophie hat nun zwei Seiten, eine theoretische und eine praktische. Wolff hatte schon in seiner Jugend von einer richtigen Philosophie zwei Eigenschaften gefordert, die er an der Scholastik vermißte: sie müsse et certa et utilis sein, und es ist nur eine andere Wendung, wenn im Briefwechsel das Wesen der Philosophie durch das Begriffspaar vérité und bonheur in immer neuen Variationen beleuchtet wird. So gebraucht Manteuffel, als ihm Wolff im Mai 1738 seine lateinischen Schriften dediziert hatte, in seinem Dankesbrief (I 3) die Ausdrücke veritez inestimables oder vos sentiments uniquement occupez à guider l'entendement et le cœur de vòtre prochain et à travailler au bonheur de la Societé. Auch spricht Manteuffel hier die Hoffnung aus, que la Providence aimera assez le genre humain — als dessen geistigen Führer sich Wolff allerdings fühlte — pour vous accorder la vie, la santé etc. Oder Manteuffel schreibt am 1. Januar 1739 an Wolff (I 45): Le bonheur de la Societé m'étant autant à cœur qu'il l'est je ne puis manquer de souhaiter . . . que cette année acheve de faire triompher la Verité sous vos auspices. Im gleichen Brief wünscht Manteuffel dem Gelehrten ein so langes Leben jusqu'au temps où les hommes seront assez sensibles à leur bonheur commun pour faire plus d'attention . . . à l'utilité de vos preceptes. In einem anderen Brief behauptet Manteuffel (I 240): tout bon Citoien est principalement obligé de contribuer . . . au bonheur de la Societé et par consequant à la propagation de la Verité. Und Wolff selbst erklärt (II 205): „Ich suche nichts in der Welt als die Wahrheit auszubreiten, ohne welche die Glückseligkeit des menschlichen Geschlechtes nicht bestehen kann, sondern alles zu deren Nachtheil in die größte Verwirrung gesetzet wird, und die Menschen selbst bey dem größten Glücke keine wahre Vergnügung finden." Ganz ähnlich lautet eine Stelle in einem anderen Briefe Wolffs (II 224): „Da ich nichts mehr wünsche, als daß alle Menschen durch Erkänntnis der Wahrheit zu ihrer wahren Glückseligkeit gelangen etc." In einem Brief vom 15. April 1746 preist Manteuffel Wolffs zéle infatigable, avec lequel vous travaillez au bonheur du genre-humain et à la découverte des Veritez (II 280). Wolffs Philosophia practica bekommt gelegentlich (II 226) den Ehrennamen Scientia felicitatis.[1]) Wieder in anderer Wendung schreibt Manteuffel (II 31) inbezug auf die wachsende Verbreitung der Wolffischen Philosophie: c'est ce qui ne peut que faire un plaisir infini à quiconque a du gout pour la Vérité et qui est convaincu qu'il n'y a qu'elle qui puisse rendre les hommes

---

[1]) cf. schon Leibniz.

heureux. Es findet sich abwechselnd la vérité und les véritez, mitunter direkt als Synonyma für Wolffs Philosophie (cf. I 7, 8, 49, 53, 61, 63, 77, 164, 166, 168, 200, 232, 244, 271, 278, 282, 283, 291; II 27, 81, 92, 97, 206, 218, 226, 240, 243, 255, 282, 283, 315, 329, 336, 337, 339, 344, 367; III 194, 226, 288, 326, 469, 512 etc). Oder wir lesen die Ausdrücke véritez utiles (I 18, 80; II 56; III 427; cf. I 7: meditations si utiles à l'homme et à la Societé) resp. ut. à la Societé (I 69, 172/3, 197) oder véritez salutaires (I 126), oder es ist die Rede von den nützlichen Diensten Wolffs (I 205, 227; II 31, 56) oder von der utilité der Philosophie überhaupt, speziell der Lehren und Werke Wolffs (I 7, 70, 121, 200, 205, 206, 248, 291; II 4, 39, 111, 124, 140, 286); denn die Philosophie und zwar wiederum speziell die Wolffische ist ja der Weg zur wahren Glückseligkeit der Menschen (I 2, 8, 36, 199, 246; II 245, 266).

Wolff löst also die alte Streitfrage nach dem Wesen der Philosophie mit den zwei Begriffen vérité und bonheur. Die Philosophie ist die Wahrheit überhaupt. Schlechthin jede Erkenntnis, die das Prädikat „wahr" verdient, gehört in den Bereich der Philosophie. Sie ist die Gesamtwissenschaft, der Philosoph Polyhistor und wir sehen tatsächlich im Briefwechsel Leibnizens Schüler auf den verschiedensten Gebieten der sog. Natur- und Geisteswissenschaften bewandert. Freilich scheint er die Philologie ausscheiden zu wollen, als er sich anläßlich der Sallustübersetzung Formeys blamiert hatte (III 427 ff, 433 ff, 443, 447, 449). Ebenso lehnte er es ab ein fachmännisches Urteil über französische Übersetzungen wissenschaftlicher Werke, vor allem der seinigen, zu fällen. Hierin unterscheidet er sich von Leibniz, der sich auch mit philologisch-linguistischen Untersuchungen beschäftigte.

Indessen die Philosophie ist als „Wahrheit" zugleich auch der Weg zur Glückseligkeit. Sie ist eine eminent praktische Wissenschaft. Sie ist nicht dem Leben entfremdet, wie es einst die Scholastik war. Im Gegenteil! Umfassend wie ihr Inhalt ist auch ihr Wirkungskreis. Sie bewirkt nicht mehr und nicht weniger als das Glück der gesamten Menschheit, le bonheur du genre humain.

Dieser schon in der griechischen Philosophie vertretene Gedanke von der Philosophie als dem Wege zur Glückseligkeit erwachte zu frischem Leben mit Beginn der neuen Zeit, vor allem natürlich unter dem bezwingenden Eindrucke der glänzenden naturwissenschaftlichen Errungenschaften und fand in Leibniz, dem Vater der Akademien, einen machtvollen Vorkämpfer. Wolff selbst erzählt, daß er schon in seiner Jugend von einer großen Liebe zum Menschengeschlecht ergriffen gewesen sei (cf. I 52), und daß er auch noch in hohen Jahren an diesem Ideal der Menschheitsbeglückung arbeitete, haben die zitierten Stellen gezeigt. Kosmopolitismus und Philanthropismus reichen sich also hier die Hand.

Soweit die skizzenhaften Andeutungen unseres Briefwechsels über ein Thema, das in den Werken selbst eine unvergleichlich gründliche Durcharbeitung erfahren hat. Wir schließen sie mit dem Abdruck eines (im Briefwechsel in Abschrift vorhandenen, allerdings schon vielfach abgedruckten) Schreibens Friedrichs des Großen an Wolff, das er in der Zeit stärkster Beeinflussung durch Wolffische Gedanken schrieb und das wie ein Kabinettstück die bisherigen Ausführungen zusammenfaßt. Es lautet (I 204): „Monsieur, Tout etre pensant et qui aime la verité doit prendre part au nouvel ouvrage [Jus naturae 1. Band] que Vous venez de publier; mais tout honet homme et tout bon Citoyen doit le regarder comme un Tresor que Votre Liberalité donne au monde et que Votre sagacité a decouvert. J'y suis d'autant plus sensible, que Vous me l'avez dedié. C'est aux Philosophes à etre Precepteurs de l'Univers [offenbar eine Anspielung auf Wolffs Selbstbezeichnung als Professor universi generis humani] et le Maitre des Princes. Ils doivent penser consequemment et c'est à nous de faire des actions consequentes. Ils doivent instruire le monde par le raisonnement et nous par l'exemple. Ils doivent decouvrir et nous pratiquer. Il y a longtemps que je lis vos ouvrages et que je les etudie et je suis convaincu que c'est une consequence necessaire pour ceux qui les ont lus d'en estimer l'auteur. C'est ce que personne ne sauroit Vous refuser et relativement à quoi je vous prie de croire que je suis avec tout le sentiment que Votre merite exige, Monsieur, Votre tres affectionné Frederic."

2. Kapitel: La Philosophie des Dames.

Dasjenige Material unseres Briefwechsels, das sich mit einem diesem selbst entnommenen Titel als La Philosophie des Dames zusammenfassen läßt, ist folgendes: 1. Wolffs Lehrkorrespondenz mit einer fingierten Partnerin, 2. die Institutions der Madame de Châtelet, 3. Formeys Belle Wolfienne, 4. Ein wissenschaftliches Tischgespräch. Die drei ersten Stücke haben mit einander gemeinsam, daß sie einerseits einen Spezialfall der Ausführungen über den Nutzen der Philosophie, andererseits einen Spezialfall des Problems der wissenschaftlichen Methode und einen Spezialfall des Problems einer kompendiarischen Gesamtdarstellung der Wolffischen Philosophie bilden. Außerdem spielt noch dies oder jenes Detailproblem herein. Das vierte Stück führt die Frage nach der Originalität Wolffs ein.

1. Wolffs Lehrkorrespondenz mit einer fingierten Partnerin. Wir drucken das Material, auch die langwierigen Vorverhandlungen zunächst ab. Am 28. Mai 1738 schreibt Wolff an Manteuffel (I 6): „Da ich vernehme, daß auch hin und wieder die Dames zu philosophieren Lust gewinnen, könnte ich Ihnen einen sehr großen Dienst thun, wenn ich für Sie eine Philosophie schriebe, da Sie via vere analytica in Lesung derselben die ihnen nützlichen Begriffe gleichsam aus sich selbst und von sich selbst durch den Gebrauch ihrer Kräffte herauswickelten, so daß Sie alles für ihre eigene Gedanken hielten, die Ihnen einkämen. Allein es fehlt die Zeit dazu etc."

Manteuffel antwortet am 16. Juni 1738 (I 7/8 = 9 ff.): „Vous me faites l'honneur de me dire que vous seriez tenté d'écrire, si vous en aviez le loisir, une Philosophie pour l'usage du beau sexe; mais que Vous desesperez d'y pouvoir travailler jamais, parce qu'elle

Vous détourneroit trop de tant d'autres ouvrages plus importans que Vous avez entrepris d'achever. Le peu de mots que Vous y ajoutez, Monsieur, pour faire sentir l'utilité que les Dames retireraient d'une telle Philosophie me fait souhaiter passionément que Vous puissiez trouver moïen d'en executer le projet. Je le souhaite avec d'autant plus d'ardeur, que l'utilité qui en resulteroit me paroit de beaucoup plus d'étenduë que celle que Vous semblez y attacher dans Vôtre lettre. J'oserois même soûtenir, qu'après Vôtre Thèologie Naturelle, Vous n'aurez peut-être jamais conçu et exécuté de projet, qui soit plus rèellement profitable et dans un sens; plus important pour la Sociëté. Vous comprenez bien par-là; il n'en faut pas douter; que ce n'est pas le seul interêt que je prens au beau-sexe, qui m'en fait penser ainsi. Ce sexe a tant d'influence et d'ascendant sur la pluspart des hommes; mais principalement sur les jeunes gens; que de s'appliquer à le rendre raisonnable, c'est travailler indirectement à rendre tel le nôtre. Il y a sur tout plus d'une contrée dans nôtre Patrie commune, où un Système Philosophique, exposé selon le plan que Vous semblez en avoir formé, seroit d'un effet merveilleux. Malheureusement, ces contrées sont si visiblement mènacèes d'un deluge de barbarie, qu'il semble que le peu de raison qui s'y maintient jusqu'icy, soit sur le point d'ètre entierement submergé, à moins que la Providence n'y oppose une digue, pareille à la nouvelle sorte de Philosophie que Vous avez envie de publier. C'est pourquoi je Vous conjure pour l'amour des dites contrées et pour l'amour de tout ce que Vous cultivez avec le plus d'affection; j'entends la raison et la verité; de ne pas abandonner un ce (sic!) beau dessein. Il est vrai que ce sera faire tomber, en quelque manière, la Philosophie en quenouille: Mais qu'importe? Ce sera au moins en garder la semence, qui ne laissera pas fructifier, quand tôt au tard quelque heureuse revolution aura fait écouler ces flots barbares qui semblent la devoir engloutir. Il est constant que le bon sens dans ces mèmes contrées semble cesser d'étre le partage des hommes, parce qu'on les empeche d'en faire usage: Mais la defense qu'on leur fait de raisonner ne regardant par les femmes, c'est par elles seules qu'on en pourra conserver, pour ainsi dire, la faculté; pour peu qu'on leur indique les moiens d'exercer consequemment. De la maniére que Vous me faites envisager Vôtre plan, elles en profiteront surément. La pluspart d'entre elles se feront un plaisir de se persuader des veritez, que Vous leur enseignerez, dès qu'elles croiront les avoir trouvées, elles mèmes. Naturellement charmèes de faire parade de ce qui part leur donner du relief, elles se garderont bien d'enjouir leurs découvertes et ne demanderont pas mieux, que d'en faire part aux hommes. Elles seront bien aises de faire sentir à ceux-cy, qu'elles ne leur sont pas moins supérieures du côtè de l'Esprit et des sentiments raisonnables que du côtè des charmes corporales. Elles ne manqueront pas d'enseigner à leur maris et à leurs galans, les veritez qu'elles auront comprises, ne fût ce que pour les convaincre que ce n'est pas sans raison, qu'elles se croient en droit de leur faire la loi. Les mères communiqueront ces mèmes veritez à leurs enfans, et ceux-ci en seront imbus, avant que la défense de raisonner les puisse regarder. En un mot, mettre les femmes en état de connoître le bon, et le vrai, e'est, je le repète, le faire connoître en même tems aux hommes; c'est en instruire insensiblement tout le genre humain. Je conviens cependant, que toutes les Dames ne sont pas faites pour la recherche des veritez. Il y en a parmi elles, comme parmi nous autres, qui seroient fachèes d'en aprendre qui condamneraient leurs quintes et leurs habitudes. Il y en a même, qui aimeroient mieux renoncer à toutes les veritez du monde, que de reconnoître leur tort: Mais cela ne deroge pas à l'utilitè de Vôtre projet. Il en resultera encore deux autres avantages, qui ne sont pas moins réels et que Vous me permettrez de relever. D'un côté nous avons tant de jeunes gens, qui sentent; lorsqu'ils sont parvenus à des emplois; tous les inconveniens de l'ignorance crasse, où ils ont été élevez, et qui ne demanderoient pas mieux que d'aquerir des connaissances, si tantôt leur paresse, tantòt les charges aux quelles on les emploie; souvent malgré eux et leur genie; ne les empéchoient de s'appliquer à une étude profonde et suivie. Honteux de voir des femmes plus sensèes et plus savantes qu'eux et ravis de pouvoir s'instruire avec la mème facilité qu'elles, il y a apparence qu'ils liront, à leurs heures perduës, Vôtre Philosophie des Dames et qu'ils deviendront, au moins plus raisonnables qu'ils ne le seroient sans elle. Il en sera de mème de tant d'honêtes gens qui se sont

Ostertag, Philosophisches.

2

vouez, soit au negoce; soit à l'agriculture; soit à d'autres professions sans s'être appliquez à l'etude des sciences. Leur bon sens naturel les rend souvent curieux de certaines véritez, qu'il n'ont pas les moïens ou le temps d'approfondir. Quelle trouvaille ne sera-ce pas pour eux, de trouver ces veritez, ajustées au niveau de leur entendement et de leur état! Quel ne sera pas le bonheur de la Societè, quand tant de veritez utiles seront mises à portèe de tous les individus raisonnables qui la composent! D'un autre côté nôtre Allemagne fourmille de Princes, dont les trois quarts; douez à peine du sens-commun; sont les oprobres et les fleaux de la Societé, dont ils devroient être l'ornement et le soûtien . . . J'ose soutenir, que ces prètendus Dieux terrestres; la pluspart moins raisonnables que les femmes les plus extravagantes; s'il y a moïen de les corriger, le seront surèment par vòtre doctrine, telle que vous allez mettre au jour. La lecture, que quelques uns d'entre eux en feront, fera à peu près le mème effet, sur eux, que sur le beau sexe; et ceux qui ne savent pas lire (: car il y en a; dit-on, qui, à peine le savent à l'age de 20. ans :) ne sauroient manquer; à force d'en entendre parler à leur èpouses, à leur maitresses, à leur courtisans, à leur pages; de mettre au moins quelqu'eau dans leur vin. Enfin, Monsr., plus je reflechis sur Vôtre projet, plus je suis convaincu, que vous n'en sauriez imaginer de plus salutaire pour la Societé, ni de plus digne de Vôtre attention."

Wolff erwidert darauf am 9. Juli 1738 (I 15/16): „Eure hochgräfl. Excellenz bezeigen in dero Brieffe ein gnädiges Wohlgefallen an dem Project von einer Philosophie der Dames, deßen ich Erwehnung gethan. Was dieselbe nach dero durchdringendem Verstande von dem Nutzen derselben erzählen, finde auf das beste gegründet, und ist mir dieses ein kräfftiger Bewegungsgrund Hand an das Werk zu legen." Gleichzeitig aber weist Wolff auf die gesundheitlichen und beruflichen Hindernisse hin.

Und als bis zum 30. August dieses Jahres noch nichts von einer Ausführung verlautet war, erkundigt sich Manteuffel (I 17/18): On est fort impatient icy, de voir la Philosophie des Dames, que vous avez projettè d'écrire. Non seulement le beau Sexe, mais biens des personnes du nòtre et des grans Savans mème; trouvent comme moi, que vous ne sauriez rien imaginer de plus utile à la Societè. Per-

sonne cependant n'en temoigne plus de curiosité, que Ṣ. M. la Reine
de Prusse; qui pour le remarquer en passant, fait naturellement un
cas infini des Savans, qui travaillent à rectifier l'esprit et les sentiments des hommes, et qui contribuent par là au bonheur le plus
solide de la Societé, en tachant de barrer le chemin à la barbarie.
S. M. s'ètant souvent informée avec beaucoup d'empressement, si le
dit projet ne s'executeroit pas bientôt? et en aiant, encore hier,
demandé des nouvelles à son Confesseur Mons. Reinbeck; je me suis
chargé de Vous en donner avis, et de Vous prier Monsr., de Vous
souvenir de l'esperance presque positive, que vous avez eu la bonté
de me donner, à cet egard, dans votre lettre susmentionnèe. Et
comme je ne doute pas, qu'en consequence de cette espece d'engage-
ment, Vous n'aiez deja mis la main à l'œuvre, . . ., je ne sai, si
ce ne seroit pas vous en demander trop, que de vous proposer de
m'envoier par maniere d'echantillon, quelcune des premieres feuilles,
que vous avez apparemment deja minutées de cet excellent ouvrage.
Au cas que vous soiez en ètat de m'accorder cette priere ou que
vous trouviez d'ailleurs à propos d'y deferer, je me ferai un plaisir
de mettre incessamment en françois ce que vous aurez bien voulu
m'adresser; soit que vous l'aiez ècrit en allemand ou en latin; et
j'en ferai remettre la traduction à la Reine, qui; aussi bien que le
Prince Roial, son fils; trouve plus de gout à la langue françoise
qu'à la langue Allemande etc."

Am 17. September 1738 schickt Wolff eine nähere Charakteri-
sierung des geplanten Projektes an Manteuffel (I 19 ff.): „Daß Ihro
Majestät die Königin von Preußen mein Vorhaben wegen einer Philosophie der Damen allergnädigst approbieren, habe mit vielen Freuden
vernommen, und dadurch einen neuen Trieb bekommen, es ins Werk
zu ruffen. Es ist aber eine gantz außerordentliche Ehre vor mich,
daß Euer hochgräfl. Excellenz sich selbst mit deßen Übersetzung in
das Frantzösische bemühen wollen. Ich habe zwar bisher es stets
in den Gedancken gehabt, aber doch noch nicht Hand anlegen
können . . . Jedoch wil deßen allen ungeachtet darauf bedacht seyn,
daß, sobald mich der wegen einstehender Meße unumgänglicher Ge-
schäffte entlediget, würcklich dazu schreiten und eine Probe davon
überschicken kan. Da ich mir vorgenommen, zu zeigen, wie ein

jeder, der seine Gedancken auf dasjenige richten wil, was er ohne Mühe an sich selbst wahrnimmet, daraus die nötigen Begriffe herleiten kan; so habe den Anfang machen wollen von den Hauptbegriffen in der Grundwissenschafft oder Ontologie, welche sich, sie mögen sonst so abstract scheinen, als sie immer mehr wollen, aus der allergemeinsten Erkäntnis, die ein jeder gemeine Mensch von sich selbst hat, in solcher Deutlichkeit herleiten laßen, daß man nicht ohne Vergnügen auf sich selbst böse wird, daß man es nicht vor sich erfinden können, gleich wie es mir ergehet, wenn ich sehe, daß ich durch Umwege und viele Bemühung gesucht, was einem gleichsam vor den Füßen lieget, und mich mehr ergehen würde, wenn ich nicht überzeuget wäre, daß, wenn erst etwas erfunden worden, man nach diesem viele nähere Wege dazu siehet, als vorher. Ich halte demnach davor, es werde alles am bequemsten können eingerichtet werden, wenn es in einer beständigen Anrede an die Damen geschiehet, wozu insonderheit die Frantzösische Sprache sich schicket. Jedoch wird Euer hochgräfl. Meinung, wenn sie anders seyn sollte, mir wie ein Befehl zu respectieren seyn. Ich achte auch für nöthig, die aus der Erkäntnis seiner selbst hergeleitete Begriffe mit anderen Exempeln zu erläutern, und deren application im raisonieren in solchen Fällen zu zeigen, dabey die Damen interessiert sind. Ich wil keinen Termin setzen, wenn ich die erste Probe hievon einschicken wil, jedoch mich bemühen denselben, den ich nach meinen Umständen gefaßet, eher zu anticipieren, als weiter hinaus zu setzen. Denn ich bin begierig bald zu ersehen, ob mein Vorhaben so gerathen wird, wie ich es in Gedancken habe: welches nicht auf mein Urtheil ankommet, sondern auf das Urtheil Euer hochgräfl. Excellenz, und Ihro Majestät der Königin und anderer erleuchteter Damen, als die am besten urtheilen können, ob sie es so befinden, wie ich es davor hatte. Und wird ein großer Vortheil vor mich seyn, wenn durch Euer hochgräfl. Excellenz überfließende Güttigkeit davon benachrichtiget werde, und durch dero Licht zu einer beßeren Einsicht gelangen kan, damit ich aus Mangel der Erfahrung mich in meinem Urtheile nicht betrüge, und meinen Irrthum bey Zeiten ändern kan. Da ich diese Arbeit nicht als meine eigene, sondern als eine, die ich auf Befehl Euer hochgräfl. Excellenz verrichte, anzusehen habe, und mir also oblieget denselben in allem nach dero Willen zu vollbringen; so habe mir diese Gnade ausbitten sollen um mich zu belehren, ob ich in dem, was ich jetzt geschrieben, dero Willens Meinung getroffen habe, oder ob ich noch auf etwas anderes meine Gedancken zu richten habe."

Schon am 22. September erfolgt eine ausführliche Antwort Manteuffels (I 23—26 = 27—30): „Vous ne sauriez mieuz faire, Monsr., que de commencer par les notions ou principes fondamentaux de l'Ontologie; d'autant plus qu'il est averé; comme Vous l'avez prouvé dans vos ouvrages; que ces principes servent de base naturelle à ceux de la Logique [cf. Logica Pars I Sect. I Cap. II] par où d'ailleurs on entame communement la Philosophie. Il s'agira seulement d'insinuer ces memes principes; si abstraits en apparence, mais si naturels en eux mèmes, et si communs à tous les hommes; de les insinuer, dis-je, d'une maniere un peu enjouée, afin de ne pas rebuter, les Lectrices par un premier abord trop sec, ou trop serieux. Je comprens, à la veritè, que vous pensez, là dessus, tout comme moi. Vous dites, que vous adresserez continuellement le discours au beau sexe, et qu'après avoir montrè la justesse et l'utilité des principes tirez de la connaissance de soi mème, Vous les eclaircirez par des exemples, où ce sexe sera luy mème interessé; et qui seront apparemment puisez dans la vie ordinaire des Dames. Voila, j'en conviens, le canevas d'une très riche et agrèable broderie. Mais, si je connois bien ce Sexe, et tant d'hommes, qui luy ressemblent par la maniere de penser; cette precaution ne suffira pas, pour leur faire gouter ce nouveau Système. J'ai remarquè, comme tant d'autres, que rien ne degoute plus facilement les Dames; et malheureusement, la plus-part des hommes d'aujourd'huy; que la lecture d'un raisonnement un peu long et profond. Quelque enjoué et beau qu'il soit d'ailleurs, on a de la peine à le lire jusqu'au bout, dès qu'il sent, tant soit peu, le Système, et qu'il demande une attention un peu suivie. Aucun des bons Auteurs modernes n'a mieux senti et prevenu cet inconvenient, que le fameux Rollin . . . Non content de bien arranger les matieres qu'il traite, en les partageant en livres et en chapîtres; cet habile Veteran (Rollin) partage ceux-cy en tant de sections ou d'articles; et ceux-cy, selon les occasions en tant de paragraphes, en tant de morceaux detachez chacun sous quelque titre distinguè; que la vivacitè des Lecteurs les plus impatiens, n'a jamais occasion de se rallentir. Content d'avoir appris en assez peu de lignes ce que l'Etiquette leur avoit promis, ils peuvent s'arrèter, pour ainsi dire, à chaque page; et ils n'en finissent aucune, sans sentir leur curiositè ranimèe par l'Etiquette suivante. En un mot, on diroit que les Ecrits de cet Savant sont expressement fait pour des paresseux, et que ce sont plutòt des Recueils de feuilles Périodiques, que des ouvrages de longue haleine. Voilà, si je ne me trompe, pour quoi tant de femmes et tant d'autres esprits superficiels et bagateliers, lisent cet auteur avec autant d'empressement, que les personnes raisonnables . . . Voilà le gout à la Mode . . . ils veulent des lectures qui les instruisent sans les gèner, et en les divertissant. Regardant l'etude, comme une espece de jeu, ils ne s'en occupent qu' à leurs heures perduës. Craignant de trop fatiguer l'esprit, en le cultivant d'une maniere suivie, ils prètendent le cultiver à bàton rompu, et à leur commoditè. Bref, les Lecteurs d'aujourd'huy n'aiment que la bagatelle et la varietè. Or, un des grans secrets de ceux, qui ont assez de Charitè, pour entreprendre de corriger les hommes par la force du raisonnement, c'est de s'accommoder au genie et au goût de ceux qu'ils tachent d'instruire. Et comme c'est principalement à cette fin là, que vous avez projetté d'écrire une Philosophie des Dames, je crois pour achever de l'assaisonner au goût present du Public, il ne suffira pas de l'egaier par la diction et par de tours enjouez: Il faudra encore songer, à luy donner une forme plus susceptible de diversité et de pauses, qu'un simple discours. J'ai d'abord cru, apres quelques uns de mes amis d'icy, qu', à l'exemple de quelques savans imitateurs de Mr. de Fontenelle, vous pourriez donner à tout cet ouvrage la forme d'un Dialogue distribué en differentes conversations: Et il faut l'avouer, c'est un expedient très propre, pour donner un air riant aux matieres les plus ingrates, lorsqu'il est manié par un habile homme. Mais je trouve après y avoir mieux reflechi, qu'il est trop usè, et que la quantité de mauvais Dialogues . . . en a rendu le nom si mèprisable, que la pluspart des gens, qui se piquent de quelque bon goût, se mettent à bailler, dès qu'on leur propose la Lecture d'un Dialogue. C'est ce qui m'a fait penser à quelque moyen equivalent, et moins pratiqué: Et je viens d'en imaginer un, que je

vai vous proposer, et soûmettre à vos reflecions ulterieures. Suppo-
sons p. e. qu'une Dame, un peu versée dans les belles lettres, ait
envie d'étudier vòtre Philosophie, et qu'aiant été effraièe par le nombre
des Volumes, qui la contiennent, elle se soit avisèe de vous écrire,
pour vous demander; s'il n'y auroit pas moyens de faciliter et
d'abbreger cette étude, en raccourcissant Vòtre Système, et en le
mettant; pour m'exprimer comme Mr. de Voltaire, un peu plus à la
portèe de tout le monde. [Volt. El. de la Phil. de Newton, mis à la
portée de tout le monde, cf. Desnoir. Volt. à Cir. S. 151.] Afin de
rendre la chose d'autant plus vraisemblable, il faudroit qu'on vous
écrivit effectivement une telle lettre, tournée de façon, qu'elle put
servir d'entrèe à une correspondence Philosophique, et vous donner
occasion, de debuter d'abord (en y rèpondant d'un air un peu serein
et deridé) par l'exposition des principes generaux, que vous me faites
l'honneur de m'indiquer. Au cas que vous aprouviez cette idèe, je
suis prèt à vous écrire une lettre pareille au nom d'une Dame, qui
se trouve effectivement dans ce cas là et qui lit actuellement vòtre
Logique; traduit par Mr. Des-Champs; sans penser jusqu'icy beaucoup
plus juste qu'auparavant. Et il n'est pas difficile d'en trouver la
Raison: c'est qu'elle n'a pas la patience de mediter et de bien
appliquer ce qu'elle lit. Elle trouve cette meditation et cette application trop difficiles parce qu'elle ne sait pas faire assez d'attention
à elle mème pour sentir, que les principes de toutes les regles de
cette Logique sont nez avec elle, et qu'il ne faut, pour penser juste,
et pour trouver des veritez utiles au bonheur de cette vie; que savoir
suivre naturellement le fil, que ces principes, aidez du bon sens, nous
fournissent eux mèmes; pourvu que nous ne dedaignions pas de le
saisir et que par impatience, ou par legeretè, nous ne nous avisions
pas de nous en ècarter. Une lettre pareille, ècrite avec un peu de
sel et de vivacité, frayeroit assez agréablement, ce me semble, le
chemin à vos leçons: Et si, dans la suite, vous permettiez à la mème
Dame de repliquer quelques fois (c. à. d. toutes les fois que vous le
trouveriez à propos) à vos rèponses instructives; soit pour vous dire,
de quelle maniere elle vous auroit compris; soit en vous faisant des
obiections, ou de nouvelles questions; cette espece de correspondence
serviroit peutétre, à mieux faire avancer l'ouvrage, et à vous soulager

en quelque maniere. Au moins, ces repliques de la Dame pourroient elles servir, à repandre plus de jour sur ce que vous luy auriez mandé, et à vous donner occasion de continuer de l'instruire, et de passer; comme en la suivant dans ces idèes; d'une matiere à l'autre. Vous comprendrez cependant, qu'il faudroit, Monsr., que vous eussiez la bontè de luy fournir, au moins en gros, ce que vous souhaiteriez qu'elle vous repliquat ou vous objectat, afin que ses lettres ne croisassent, ou ne derangeassent pas les idèes, que vous vous seriez proposé de developper."

Wolff geht sofort auf diese Vorschläge ein. Das Projekt gewinnt immer greifbarere Gestalt. Er schreibt nämlich (I 31—32): „ . . . . gefället mir der Vorschlag über die maßen wohl die Philosophie des in der Form einer Correspondenz herauszugeben . . . . Ich halte nun aber davor, und kann aus Euer hochgräfl. Excellenz Schreiben nicht anders schließen, als daß dieses auch der Meinung ist, daß der Anfang von der Beschaffenheit und dem Nutzen der Weltweisheit für die Dames gemacht werde, und erwarte demnach das projectierte Schreiben, darinnen sich die Dame beschweret, daß Sie meine Logique gelesen, und doch zur Zeit noch keinen Nutzen davon verspüren könne. Dieses wird mir genug seyn um mich wegen des gegenwärtigen Vorhabens ausführlich zu explicieren, und der Brief selbst wird mir die Art und Weise wie es am besten geschehen könne an die Hand geben. Wenn erst der Anfang gemacht, wird sich das übrige nach und nach gleichsam von sich selbst geben, daß nicht nötig erachte jetzt ein mehreres davon zu schreiben. Ich zweifle auch nicht, daß auf solche Weise der Zweck am allerbesten wird erreichet werden, indem die Erfahrung, so mir fehlet, Euer hochgräfl. Excellenz aber beywohnet, und die nöthigen Proben, die ich nicht machen kan, dazu aber Euer hochgräfl. Excellenz Gelegenheit haben, durch Dero Vorschub erlangen kan. Der Nutzen, so aus dieser philosophischen Correspondenz erwachsen wird, wird Euer hochgräfl. Excellenz zuzuschreiben seyn."

Manteuffels Erwiderung ist leider im Briefwechsel nicht erhalten. Wolff schreibt wieder am 2. Novbr. 1738 (I 33): „ . . . . . . mit dem größten Verlangen alle Post-Tage den versprochenen Brief von der Dame erwartet. Weil er aber wieder alles Vermuthen so lange

ausbleibet; so verhoffe, Euer hochgräfl. Excellenz werden meine Un-
gedult entschuldiget halten."

Manteuffels Antwort (I 35 f.) bringt die Aufklärung: „Je suis très
faché de voir par votre lettre du 2. d. c., qu'une espece de qui-pro-
quo vous ait fait differer le commencement de la Philosophie des
Dames. Tout le differend survenu à cet egard me semble consister
en cecy: Vous avez supposé, Monsieur, que la lettre de la Dame,
qui doit faire l'ouverture de la correspondance Philosophique, devait
vous être écrite rèellement, avant que vous missiez la main à l'œuvre;
et mois, j'ai supposé qu'il vous suffiroit de savoir, quel en sera le
contenu. Que vous auriez la bonté de m'envoier le dessus vòtre
premier cahier, et que la Dame dresseroit ensuite la dite lettre, de
maniere qu'elle se rapportat à vos idèes, quoi-qu'elle eut du sembler,
avoir été ècrite avant elles, et les avoir occasionnèes. Je suis mème
encore de ce sentiment la, et je crois que la lettre en question, ne
sauroit contenir en gros, que ce que j'eus l'honneur de Vous en
mander; savoir que la Dame a lu vótre Logique, sans en avoir retiré
tout le fruit qu'elle s'en ètoit promis. Cependant, comme Vous
semblez souhaiter, de voir ce contenu un peu plus detaillé, je suis
d'avis, que le tout ne sauroit aboutir, qu'à ce qui suit: 1. La Dame
debuteroit, par vous dire, Mons.ʳ, que vous seriez apparemment surpris de recevoir une lettre d'une jeune fille; 2. qu'elle croit cependant, que le motif, qui l'enhardit à vous importuner, pourra servir
d'excuse à la liberté qu'elle prend; 3. qu'elle est fille d'un des vos
admirateurs, et qu'aiant vu son Pere continuellement appliqué à etudier
vos savans ecrits, elle a été curieuse de savoir par elle mème ce
qu'ils pouvoient contenir de si digne d'application; 4. qu'aiant consulté la dessus ses amis, ils lui avoient conseillé de lire vos ouvrages
allemands; 5. que d'abord ce conseil l'avait effraiée, vu le nombre
des volumes qu'elle auroit à etudier; mais que sa curiosité aiant ètè
plus forte que sa frayeur, elle s'etoit determinèe à lire au moins,
par maniere d'essai, vòtre Logique, traduite par M.ʳ des Champs, qu'elle
l'avoit effectivement lue et relue avec toute l'attention possible. 6. Qu'elle
s'etoit flatèe, qu'il suffiroit de cette lecture, pour rectifier son esprit
et ses sentimens. 7. Qu'elle trouve mème tous les principes que
vous y enseignez egalement sensez et evidens; mais 8. qu'elle avoue

à sa confusion, qu'elle echoue presque toujours lorsqu'elle en veut faire usage; 9. qu'elle a souvent consulté la dessus son Pere et ses amis; mais 10. que tout ce qu'ils lui on dit, pour lever ses difficultez, ne l'aiant pu contenter, elle a pris le partis de s'adresser directement à Vous, Mons.ʳ, pour vous demander, d'ou vient, qu'après avoir ètudié vòtre Logique, elle n'en retire pas tout le fruit, qu'elle s'en etoit promis? et s'il n'y auroit pas moyen, de mettre Votre doctrine un peu plus au niveau de l'esprit des femmes, naturellement plus superficielles et plus impatientes que la plus-part des hommes? Enfin 11. que les femmes faisant partie de la Societè; au bonheur de la quelle vous ne vous lassez pas de travailler: les mèmes femmes ètant, qui plus est, en possession de faire tourner la cervelle aux hommes, et leurs argumens étant ordinairement plus goutez de ceuxcy, que les raisonnemens les plus salutaires et les plus concluans de la Philosophie; Vòtre Correspondente est persvadèe, que vous ne parviendrez jamais à rendre les hommes tout à fait raisonnables, tant que le beau Sexe le ne sera pas; et elle croit que, pour le rendre tel, Vous ètes obligé en conscience de Vous prèter à la foiblesse de son genie. Voila le sens general, que la Dame en question s'est proposée de donner à sa lettre. Mais comme ce sera une lettre qui faudra mettre à la tète de tout l'ouvrage, et que l'auteur ne se sent pas assez fort pour y placer certaines reflexions Philosophiques, qui puissent sembler avoir occasionné celles que Vous ne sauriez manquer de placer dans vòtre rèponse son dessein a toujour ètè de differer l'elaboration de sa piece, jusqu'après avoir vu la vòtre. Ce sera, à la veritè, jouer au monde renversé, puis-que ce sera, dans un sens, vous faire repondre, avant que d'avoir ètè questionné: Mais c'est un renversement qui me paroit fort excusable dans les circonstances, ou nous nous trouvons et vòtre correspondente se flate que vous y donnerez les mains, et que Vous ne tarderez plus, Mons.ʳ, de commencer un ouvrage, que tant de gens sensez attendent avec la derniere impatience. Elle est cependant prete a faire tout ce que Vous ordonnerez, au cas que Vous ne trouviez pas ses raisons assez convaincantes."

Endlich am 29. Novbr. 1738 schickt Wolff den ersten Lehrbrief an Manteuffel mit einem Begleitschreiben, in welchem er sich zunächst

zu Änderungen aller Art bereit erklärt und dann fortfährt (I 37):
„Meines wenigen Ortes hielte nicht für rathsam sich gar zu lange
in generalibus aufzuhalten, sondern gleich zu der Sache selbst zu
schreiten. Daher könnte meines Erachtens die neue Materie zu dem
folgenden Schreiben seyn, daß die Dame nur noch vorläuffig wißen
wollte, 1. was für eine Erkäntnis seiner selbst und anderer Dinge
ich voraussetzte; daher die ersten Begriffe sollten geleitet werden,
indem ich ja einen Unterschied machte der gemeinen und der philosophischen Erkäntnis, und man solcher Gestalt die philosophische, die
doch gantz was unterschiedenes, aus der gemeinen herleiten müße,
die keinem Menschen von der Natur versaget worden. 2. Da Sie
die Sache unmöglich anders einsehen könne, was man dann für einen
Gebrauch des Verstandes zu einem so wichtigen Unternehmen supponiere,
und wie man dazu gelange, ehe man zu philosophieren anfängt. 3. Wenn
man keine andere Erkäntnis voraussetzet, als die einem jeden beywohnet, auch keinen weiteren Gebrauch des Verstandes, als den man
ohne vorher zu philosophieren hat, warum man dieses nicht längst
eingesehen, und warum die Menschen ihren Verstand zur Erlangung
der ihnen so nützlichen Wißenschafft gebrauchen. 4. Wenn ein so
leichter Weg zur Wissenschaft ist, warum ich nicht denselben erwehlet und viel lieber durch Umwege gehe. Da ich als ein Philo-
sophus von allem raison geben wolle, sey ich auch schuldig hiervon
raison zu geben. Dieses vermeine ich wird mir genug seyn um den
Weg zu bahnen, an die Sache selbst zu kommen."

Und nun endlich der Lehrbrief selbst! Er lautet (I 39—42):
„Hochgebohrnes, Gnädigstes Fräulein. Es hätte mir nichts erfreu-
licheres begegnen können, als daß Euer hochgräfl. Gnaden mich dero
Zuschrift würdigen und dadurch meine Gedanken auf eine Sache zu
richten Anlaß geben wollen, wodurch ich meinen Zweck Wahrheit
und Tugend in den Gemüthern der Menschen zur beförderung ihrer
Glückseligkeit feste zu gründen am füglichsten erreichen kan. Sie
laßen so große Penetration und einen so hefftigen Eifer die Wahrheit gründlich einzusehen blicken, daß ich hohe Ursache habe mich
darüber zu verwundern. Sie sehen eine Wahrheit ein, die bisher
wenige unter den Weltweisen erkannt, daß alsdann erst das menschliche Geschlecht werde glückselig werden, wenn das weibliche

Geschlecht wird anfangen zu philosophieren, und erkennen, daß die
Damen, welche die Geburt und besondere von der milden Natur mit-
getheilte Qualitäten distinguiren, den Anfang machen müßen, als deren
erlauchtes Exempel mehreren Eindruck in die Gemüther der anderen
machen kann, als die gegründesten Ausdrückungen der subtilsten
Weltweisen. Sie können, gnädigstes Fräulein, also versichert seyn,
daß mir nichts angenehmeres von der Welt seyn wird, als wenn Sie
sich in einer so wichtigen Sache mit mir in einen Briefwechsel einlaßen wollen, und bin ich versichert, daß durch dero Licht meine
Idéen in sich in vielem weiter aufklären werden. Dero Eifer, den
Sie bezeigen, die zu hurtigem Gebrauche der Vernunft in allen vorkommenden Fällen erforderte Wahrheiten mit völliger Gewisheit einzusehen ist dero Penetration gemäß. Sie haben sich die Weitläuffig-
keit meiner Schrifften nicht abschrecken laßen sich an dieselbe zu
wagen und von der Logick den Anfang gemacht, um die von mir
vorgeschriebene Ordnung in Acht zu nehmen. Sie haben dieselbe
mit gehöriger Application gelesen, und nicht nachgelaßen, biß Sie
alles verstanden. Sie sind gleich bemühet gewesen, was Sie wohl
gefaßet, in die Ausübung zu bringen, und können Ihr Gemüthe nicht
beruhigen, biß Sie den völligen Nutzen verspüren, den Sie sich ver-
sprachen. Sie suchen mich aufzumuntern alles beyzutragen, was
dero Wunsch befördern kan, daß das weibliche Geschlecht auch zu
philosophieren anfangen möge. Es fehlet also nicht das allergeringste,
was zu dero Eifer kan erfordert werden. Es beliebet aber Ihnen,
Gnädigstes Fräulein, mir zwey Fragen vorzulegen, 1. woher es komme,
daß, da Sie allen möglichen Fleiß angewandt, um alles, was ich in
meiner Logick lehre, wohl zu faßen, auch an der Richtigkeit meiner
Lehren keinen Zweifel übrig haben, Sie dennoch wieder die vorgeschriebene Regeln handeln, indem Sie dieselbe gebrauchen wollen:
2. ob nicht die Lehren, welche ich in meinen Schrifften vortrage,
mehr zum Begriffe des weiblichen Geschlechtes könnten eingerichtet
werden. Da Sie bereits Ihro hochgräfl. Excellenz den Herrn Vater
darüber gefraget; so glaube ich zwar nicht im stande zu seyn etwas
weiteres vorzubringen, als Sie schon von demselben gehöret: unterdeßen zweiffle ich doch nicht, daß wenn Sie dieses von mir noch
einmahl hören werden, die Übereinstimmung deßen, was Sie von

Ihnen gehöret und was ich sage, dero Aufmercksamkeit vermehren
werde, daß Sie vermöge Ihrer Penetration die Richtigkeit deßen einsehen und keinem Zweiffel mehr Raum geben werden. Was nun die
erste Frage betrifft, so bin ich versichert, daß niemand beßer als Sie
selbst, Gnädigstes Fräulein, Ihnen die Antwort geben kan. Sie wißen,
daß die Logick Regeln vorschreibet, wie man seinen Verstand in Erkäntnis der Wahrheit gebrauchen sol. Sie wißen aber auch, daß der
Gebrauch der Regeln eine Fertigkeit erfordert, sonderlich in solchen
Fällen, wo man nicht Zeit hat sich lange zu bedencken. Und Ihnen
kan nicht unbekannt seyn, daß diese Fertigkeit nicht anders als
durch fleißige Übung erlanget wird. Wenn Ihnen ein Tantzmeister
alles erkläret hätte, was zu einem Tantze muß in acht genommen
werden, und Sie alles wohl verstünden, würden Sie deswegen wohl
tantzen können, woferne Sie nicht vorher Zeit und Fleiß auf das
Tantzen würcklich gewandt? Wenn Sie in der Academie des Jeus
die Regeln von dem l'Ombre-Spiele gelesen, oder dieselben von einem,
der das Spiel verstehet, hätten erklären laßen, auch alles wohl verstanden, würden Sie deswegen dieses Spiel fertig und ohne einigen
Fehltritt zuthun spielen können, woferne Sie nicht vorher dieses offt
gespielet? Ebenso ist es nicht genung die Regeln der Logick wißen,
wenn man dieselbe hurtig ohne einigen Anstoß gebrauchen wil. Man
muß in deren Gebrauche sich mit unermüdetem Fleiße vielfältig üben,
ehe man diejenige Fertigkeit erreichet, die Sie zu haben verlangen.
Es ist Ihnen also mehr als zu bekannt, daß die Logick wißen und
die Logick practicieren zwey besondere Dinge sind, deren ein jedes
durch besonderen Fleiß muß erhalten werden. Allein es kan Ihnen
auch nicht unbekannt seyn, daß die bloße Fertigkeit des Verstandes
noch nicht hinreichet ihn in allen vorkommenden Fällen richtig zu
gebrauchen. Sie wißen mehr als zu wohl, daß, wenn Ihnen gleich
bekannt ist, wie man eine köstliche Speise zurichten sol, Sie auch
selbst in Zurichtung dergleichen Speisen wohl geübet sind, dennoch
dieselbe nicht zurichten können, woferne Sie nicht dasjenige haben,
was dazu nöthig ist. Wenn man eine vorfallende Sache wohl über-
legen und ein vernünftiges Urtheil davon fällen wil, werden nicht
allein einige Hauptbegriffe (notiones fundamentales) dazu erfordert,
wodurch unsere Gedancken auf dasjenige gerichtet werden, worauf man

eigentlich zu sehen hat, und die ich deswegen notiones directrices oder
die leitenden Begriffe zu nennen pflege; sondern es müßen auch
einem gewiße Wahrheiten bekannt seyn, die man als Gründe zum
raisonnieren braucht. [Der Rationalist] Cartesius unter den Frantzosen
und [der Empirist] Newton unter den Engelländern waren Männer
von großem und außerordentlichem Verstande, den Sie in Entdeckung
der tiefsten Wahrheiten in der Mathematick zur Verwunderung der
Verständigsten zu gebrauchen wußten: allein außer der Mathematick
geriethen Sie auf den unrechten Weg und übereileten sich in ihrem
Urtheile aus Mangel der leitenden Begriffe und der zum raisonnieren
erforderten Gründe oder principiorum. Gleichwie nun ein Mathematicus
seinen Verstand perfectioniret und das Vermögen mathematische Wahrheiten gründlich zu untersuchen dadurch erhält, daß er mit unermüdetem Fleiße in mathematischen Demonstrationen und Untersuchungen
seine Zeit zubringet: so gehet es auch nicht anders an, daß man zu
hurtigem Gebrauche des Verstandes in allen vorkommenden Fällen
gelanget, als wenn man mit gründlichem philosophiren anhält, dazu
ich in meinen Schrifften Anleitung gegeben, als die auf die Art eingerichtet, wie es zu diesem Zwecke erfordert wird. Sie sehen, Gnädigstes Fräulein, auch dieses selbst ein, und sind dannenhero begierig
aus meiner Philosophie die dazu erforderte Begriffe und Lehren zu
faßen. Weil Sie aber finden, daß der Weg, den ich in meinen
Schrifften zeige, für Damen allzu beschwerlich ist, so belieben Sie
mich zu fragen, ob nicht ein näherer Weg vorhanden sey? Und dahin zilet dero andere Frage ab, ob nicht die Lehren, welche ich in
meinen Schrifften vortrage, mehr zum Begriffe des weiblichen Geschlechtes könnten eingerichtet werden? Als vor Zeiten Euclides
die mathematischen Wahrheiten anfieng zu sammeln und in eine
solche Ordnung zu bringen, wie die eine durch andere vorhergehende
mit Gewisheit erkannt wird, antwortete er dem Könige Ptolemaeo,
als er ihn fragte, ob nicht ein näherer Weg, als den er zeigte, vorhanden seyn zu deren Erkäntnis zu gelangen: Non datur via regia
ad scientias, es giebt keinen Weg zu den Wißenschaften, der sich
für Könige schickete [cf. dagegen unten S. 188]. Allein, Gnädigstes
Fräulein, Sie würden mich mit Recht der größten Grobheit beschuldigen,
und das Vertrauen zu meinen Lehren fahren laßen, wenn ich Sie mit

einer so schnöden Antwort abfertigen wollte, und ich würde auch der Wahrheit zu nahe treten. Es ist allerdings ein näherer Weg für die Damen zu denen leitenden Begriffen und den Ihnen zum raisoniren erforderten Gründen zu gelangen, damit Sie von denen Ihnen vorkommenden Sachen ein vernünfftiges Urtheil fällen können. Es sind denen Gelehrten zwey Wege bekannt die Wahrheit so vorzutragen, daß sie als Wahrheit mit völliger Gewisheit erkannt wird. Entweder man bringet die erfundene Wahrheit in eine solche Ordnung, wie sich die folgenden aus den vorhergehenden durch richtige Schlüße herleiten laßen; oder man träget sie auf eine solche Weise vor, wie sie haben können erfunden werden. Den ersten Vortrag habe ich insonderheit nach dem Exempel Euclides, dem die alten Geometrae gefolget, in meinen lateinischen Wercken erwählet. Und ich vermeine raison genung dazu gehabt zu haben, wie es auch Herr Sereri in Italien erkannt, der meine lateinische Werke, so viele davon heraus sind, mit censur der Inquisition wieder auflegen laßen, als welcher in der Zuschrifft meiner lateinischen Logick an den Hertzog zu Venedig vermeinet, wenn meine Art zu philosophiren erst recht bekannt werden würde, so würde niemand anders zu philosophiren verlangen [wie sich denn Wolff auf die Anerkennung seiner Philosophie seitens des katholischen Klerus sehr viel zugute tat]. In meinen deutschen Schrifften, die ich zum Gebrauch meiner Zuhörer geschrieben, habe ich mehr nach dem Begriffe der Anfänger gerichtet, und von beyder Art des Vortrages etwas beybehalten, auch von dem bisher unter den Gelehrten gewöhnlichem Vortrage nicht weiter entfernet, als es die Notwendigkeit erfordert: von welchem Verfahren ich in den Nachrichten von meinen deutschen Schrifften von der Weltweisheit Rechenschafft gegeben. Allein Sie haben Recht, Gnädigstes Fräulein, wenn Sie auch diesen Vortrag für Damen für beschwerlich halten, und einen anderen verlangen, der mehr nach ihrem genie gerichtet und Ihnen angenehmer ist. Nämlich Hauptlehren der Weltweisheit, die Ihnen sonderlich zu wißen nöthig und nützlich sind, laßen sich auf eine gantz besondere Art vortragen, die, wie ich verhoffe, Ihnen ein Genügen thun wird. Man darf bloß die Aufmerksamkeit einer Dame auf sich selbst und dasjenige, was ihr täglich vorkommet, erwecken, und Sie darüber zu reflectiren anführen; damit ihre Begriffe

sich aufklären und deutlich werden, so kan Sie mit vielem Vergnügen
die ersten Begriffe, die den Grund zu aller Erkäntnis legen, aus sich
selbst und den ihr täglich vor Augen schwebenden Sachen herleiten,
und was Sie zu wißen begehret, gleichsam vor sich selbst erfinden.
Was nun ferner daraus geschloßen wird, dazu finden sich auch besondere Kunstgriffe, wodurch Sie in den Stand gesetzet wird, nicht
allein die Wahrheit derselben Lehren in sich selbst zu erfahren, sondern
auch einen Anteil an deren Erfindung zu nehmen. [Cf. z. B. deutsche
Metaphysik S. 221 ff. u. Psych. empir. § 472.] Ich halte aber für
dienlicher, daß man dieses im Wercke selbst zeige, als die Möglichkeit deßen weitläuffig durch Gründe erweise, die Sie nach diesem von
sich selbst einsehen werden. Ich finde nicht nöthig, Gnädigstes Fräulein, Ihnen den Nutzen hiervon anzupreisen, denn ich ersehe aus dero
Schreiben, daß Sie denselben völlig einsehen, und hätten Sie Ursache
über mich unwillig zu werden, wenn ich dero Penetration, davon Sie
mich genungsam überzeuget, weniger zutrauete, als sich gebühret, auch
deswegen in meine eigene Penetration ein Mißtrauen zu setzen, und
mich davor anzusehen, als wenn ich aus einer Übereilung mehr versprochen hätte, als ich in der That leisten könnte. Ich verharre
demnach mit aller ersinnlichen Veneration Gnädigstes Fräulein, Euer
hochgräflichen Gnaden unterthänigster und gehorsamster Knecht Wolff."
Soweit dieser wichtige Brief.

Am 1. Januar 1739 bedankt sich Manteuffel für den Beginn der
Philosophie des Dames; leider sei er noch nicht zur Übersetzung
gekommen (I 45). Nachdem dies Projekt inzwischen geruht hat,
kommt Manteuffel am 20. Febr. 1739 wieder darauf zurück mit den
Worten (I 54): „Il seroit d'ailleurs superflu, de vous dire, Mr.,
qu'étant toujours impatient de vous voir executer vòtre projet de
Philosophie des Dames, je ne puis qu'ètre ravi d'apprendre (I 49)
que vous n'y avez pas renoncè. Je vous prie cependant, de ne pas
vous gèner à cet ègard, et de l'executer plutot un peu plus tard,
que d'y travailler aux dèpens de vos autres ouvrages, et surtout aux
dèpens de vòtre santè, qu'il vous importe de mènager prèferablement
à tout le reste."

Am 8. Mai 1739 kommt Manteuffel noch einmal auf die Philosophie des Dames zurück (I 69): „Quelque impatient que je sois de

voir votre Philosophie des Dames, j'aime mieux qu'elle ne paroisse, que dans deux ans d'icy, plutòt que de vous voir differer ce qui vous reste encore à faire, par rapport à la Philosophie pratique."

Dies ist die letzte Spur der Philosophie des Dames in unserem Briefwechsel, es müßten denn die verlorenen Briefe noch weitere Äußerungen enthalten haben, was aber nicht gerade wahrscheinlich ist. Die obigen Belege spiegeln die Geschichte des Projektes deutlich wieder. Eine gelegentliche Äußerung Wolffs wird von Manteuffel und dessen ältester Tochter (Sophie Albertina Charlotte?) enthusiastisch aufgegriffen. Diese Dame tritt immer deutlicher hinter der Maske der fingierten correspondente hervor, bis Wolff sie direkt anredet. Sofort werden weitere Kreise adeliger Damen, ja sogar die Königin dafür interesiert. War doch Beschäftigung mit Philosophie auch in Kreisen von Damen seit Descartes Mode geworden, wie ja auch populärwissenschaftliche Darstellungen zu diesem Zwecke damals an der Tagesordnung waren. Man verspricht sich nicht mehr und nicht weniger davon als quasi den Anbruch des goldenen Zeitalters, eine Hebung des Volkes in allen seinen Ständen, und der schwerfällige Geiehrte kann nicht rasch genug an die leichtgeschürzte Arbeit gehen. Doch empfindet Manteuffel bei aller Begeisterung instinktiv, daß die Feder des Systematikers und Logikers vielleicht den Esprit einer Salonkonversation nicht ganz glücklich treffen könnte, und so gibt er ihm schulmeisterliche Instruktionen. Wolff liefert die erste Probe und — die Enttäuschung ist da; denn anders lassen sich die darauffolgenden Äußerungen nicht verstehen. Es eilt Manteuffel nun gar nicht mehr mit einer Antwort, noch viel weniger mit der Übersetzung, als er den zuvor so sehnlich erwarteten ersten Lehrbrief in Händen hat. Und als er endlich an Wolff schreibt, klingen seine Worte matt; er rät dem Philosophen ziemlich unverblümt von einer Fortsetzung ab. Die Begeisterung ist völlig verflogen. Manteuffel hat das vielverheißende Projekt aufgegeben. Auch in der gleichzeitigen Literatur war es mir nicht möglich eine Spur von Wolffs Philosophie des Dames zu finden. Unsere Handschriften sind das einzige Dokument. Was die Philosophie des Dames beabsichtigt hatte, trat wenigstens zum Teil ein; denn in der Tat fand die Wolffische Philosophie eine einzigartige Verbreitung in ganz Deutschland und zwar nicht nur auf den Hochschulen und bei den Gelehrten, sondern auch in Kreisen gebildeter Damen, cf. die von Überweg (III 230) zitierte Äußerung Edelmans aus d. J. 1740: (Die Wolffische Philosophie war) „die à la mode Philosophie, die schier unter allen Gelehrten, ja sogar unter dem weiblichen Geschlechte dergestalt beliebt worden, daß man fast glauben sollte, es sei eine wirkliche Lykanthropie unter diesen schwachen Werkzeugen eingerissen."

Hinsichtlich des philosophischen Gehaltes bieten die Aussagen des Lehrbriefes über das Wesen der Logik nichts, was nicht schon aus Wolffs Werken bekannt wäre. Es sei nochmals kurz an die Hauptpunkte erinnert! Die Logik ist eine normative Wissenschaft, aber nicht in dem Sinne, daß sie die bereits vorhandenen Denknormen eruiert, sondern in dem Sinne, daß sie Normen erst aufstellt und begründet. Richtig denken kann erst, wer die Regeln der Logik studiert und gründlichst eingeübt hat. Die korrekten Denkakte müssen sozusagen mechanisiert werden. Die Logik ist demnach eine Technik, eine Kunstlehre, eine Sammlung von Regeln zur Erlangung einer bestimmten Fertigkeit. Deutlicher als durch den Vergleich mit der Koch- und Tanzkunst hätte dies nicht illustriert werden können. Und diese Wissenschaft, die als die allertrockenste verrufen ist, soll in dem buntbewegten Vielerlei des Lebens von größtem Nutzen sein, — lehrt Wolff im Tone der Selbstverständlichkeit. Man braucht bloß noch zwei Dinge dazu, einige unbestreitbare (inhaltliche) oberste Wahrheiten (principia) und die (mehr formalen) notiones directrices (cf. Psych. emp. § 337; Horae subs. 1729). Die letzteren sind die Begriffe, welche die Ontologie und Kosmologie entwickelt, nämlich die des Seins, des Grundes, des Widerspruchs, des Möglichen und Unmöglichen, der Ähnlichkeit und Unähnlichkeit, des Notwendigen und Zufälligen etc. — kurz eine Art Kategorientafel. Dadurch wird es möglich, die Logik ganz verblüffend nutzbar zu machen, und wenn im 1. Kapitel die Frage gar nicht zur Sprache kam, wie eigentlich vérité und bonheur innerlich zusammenhängen, so sehen wir hier einen Beitrag zur Lösung geliefert. Wolff betrachtet unverkennbar das gesamte Gebiet der Urteile, Entschließungen und Zweckhandlungen des täglichen Lebens als die Domäne der wissenschaftlichen Logik. Er hat aber dabei unversehens das Gebiet der

Erkenntnistheorie betreten, die Frage nach dem Verhältnis von Ratio und Empirie berührt und bei alledem als selbstverständlich vorausgesetzt, daß der Verstand die Dinge so erkennt, wie sie sind. Eben damit charakterisiert sich seine Logik als metaphysisch und dogmatisch.

Zu den Aussagen über die Logik gesellen sich die vielleicht noch interessanteren über die Entdeckung, welche Wolff in der neuen Methode gemacht haben will. Bisher waren bei den Gelehrten und bei ihm nur zwei Methoden in Gebrauch — die analytische und die synthetische resp. die methodus mixta, wenn er sie auch nicht ausdrücklich nennt (cf. das Nähere darüber Wolffs Logica § 885). Die neue Methode, die wie eine Zauberformel alle Schwierigkeiten bannt, wird zwar nicht mit einem eigenen Namen eingeführt. Wir kennen aber ihre Charakteristika. Es sind folgende. 1) Sie ruht auf Anleitung zur Selbstbesinnung. 2) Sie schöpft aus dem spezifisch weiblichen Anschauungskreis. 3) Sie führt durch Schlüsse zu weiteren Erkenntnissen. 4) Sie garantiert bei einer auf das Minimum reduzierten geistigen Anstrengung nicht bloß den gleichen Erfolg, wie die streng wissenschaftlichen Methoden, sondern das überhaupt mögliche Maximum. Nach Nr. 1 ist aber diese Methode identisch mit der analytischen, nach Nr. 3 gesellt sich dazu die synthetische. Demnach ist diese Methode keine andere als die, welche Wolff, wie er sagt, schon bisher in seinen deutschen Schriften angewendet hat. Hingegen scheint Nr. 2 etwas Neues zu bezeichnen: die Exemplifikation auf den spezifisch weiblichen Anschauungskreis. Daß dieses Moment jedoch keine neue wissenschaftliche, der analytischen und synthetischen Methode koordinierte Methode zu konstituieren vermag, ist ohne weiteres klar. Man könnte im günstigsten Falle von einer schriftstellerischen, belletristischen Methode sprechen. Von symptomatischer Bedeutung hiefür ist, daß diese angeblich neue Methode bei Wolff keinen eigenen Namen führt. Damit ist auch über Nr. 4 und die damit verknüpften phantastischen Erwartungen Manteuffels das Urteil gesprochen. Überdies ist Nr. 4 innerlich widerspruchsvoll und ein Hohn auf die Lehre von der ratio sufficiens. Schon von dem Standpunkt einer immanenten Kritik aus muß dieser methodologische Versuch Wolffs als verfehlt bezeichnet werden, und es ist in der Tat

auch ganz unmöglich Wissenschaft anders als wissenschaftlich zu be-
treiben. Jede Konzession in der Form geschieht auf Kosten des
Inhalts. Wissenschaft ist nicht une espèce de jeu. Mit „spielendem
Lernen" ist hier nichts auszurichten, und wenn die Verehrerinnen
Wolffs wirklich in seine Philosophie einzudringen begehrten, so konnte
ihnen die Gedankenarbeit nicht erspart bleiben, die das Studium
seiner Werke erfordert. Warum hat sich denn Wolff nicht durchweg
dieser bequemen Methode bedient? Offenbar, weil er sie im Grunde
doch für unwissenschaftlich hielt. Das Denkwürdige an diesem Ver-
such Wolffs aber ist zu sehen, wie er, der Urheber des Geistes der
Gründlichkeit, der Mann der Methode, der bei Tschirnhausen in die
Schule gegangen ist, von dem für das 18. Jahrhundert bezeichnenden
Geiste der Popularphilosophie berührt wird und sich gewissenhaft mit
der innerlich unmöglichen Aufgabe ihrer Methode abzufinden sucht.
Cf. Ludov., Hist. d. W. Phil. 2. Th. 1737 S. 289; Ethica I § 136.

Hier mögen auch einige zerstreute Äußerungen über eine Schwester
dieser neuen Methode Platz finden, über die ars inveniendi. Wir
beginnen mit einer Anfrage Manteuffels (I 3): „Il me semble avoir
vu quelque part dans un de vos livres, que vous enseigneriez un
jour l'Art d'inventer. Mais comme vous ne le nommez point parmis
les œuvres aux quelles vous ètes encore resolu de travailler, je suis
curieux de savoir, si vous avez changè de dessein à cet egard? ou
s'il sera peut-ètre partie de quelcun de vos autres ècrits, sans que
vous aiez trouvè a propos de luy donner un titre separè?" Wolff
antwortet (I 6): „Was die artem inveniendi betrifft [zu deren Aus-
arbeitung Wolff nie gekommen ist], so läßet sich dieselbe nicht wohl
abhandeln, bis erst mit der gantzen Philosophie zustande bin als
woraus nicht allein Exempel, sondern auch Gründe zu Bestetigung
der besonderen Regeln müssen genommen werden. Da mir nun aber
die Ausführung derselben unter den Händen wächset und ich nicht
weiß, ob mir Gott ein hohes Alter vergönnen wird; so habe auch in
meinem Schreiben derselben nicht gedencken wollen. Unterdeßen
bin ich gewis, daß, gleichwie die Mathematici die Kunst zu erfinden,
glücklich practiciren, ob sie gleich noch keine Regeln haben, außer
denen, welche die Algebra an die Hand gibet, weil sie durch Er-
lernung der bereits von anderen erfundenen und demonstrativisch

vorgetragenen Wahrheiten ihren Verstand geübet und mit nöthigen und fruchtbahren Begriffen erfüllet, man durch Lesung meiner lateinischen Schrifften gleichfalls dazu gelangen könne, und zwar um soviel mehr, wenn man die wenigen Regeln mit dabey beobachtet, die ich in der lateinischen Logick [Disc. § 74; Pars II Practica] gegeben, und aus der Psychologia empirica [§ 454 ff.] den Gebrauch des Verstandes besser kennen lernen: wie denn auch hierzu noch mehr dienlicheres in der Moral [Ethica I § 322 f.] folgen wird, wo ich unter anderen virtutibus intellectualibus auch von der Arte inveniendi handeln werde. Ich laße auch in meinem gantzen Wercke hin und wieder bey Gelegenheit in den Anmerckungen mit einfließen, was zu Erweckung des Verstandes in diesem Stücke dienen kan. Die Übung thut ohne dem in diesem Stücke das meiste, und diese erhält man, wenn meine lateinischen Schrifften mit application gelesen werden." An einer anderen Stelle schreibt Wolff (II 37): „Ich wollte, daß mir Gott das Leben so lange fristete, bis ich an die Artem inveniendi kommen könnte; so verhoffte so klare principia zu geben, daß man künfftig von Erfindern und Gelehrten gründlicher urtheilen könnte, als bisher zu geschehen pfleget, da man den Maaß-Stab nicht in dem Gebrauch der Kräffte suchet, noch auch darauf acht giebet, wie weit derselbe von äußeren Umständen dependiret" [cf. II 133, deutsche Logik cap. 9, Ethica I § 322 ff. etc.]. Ferner (II 50): „Also ist öffters gemeinen Leuten eine Sache bekandt und, weil sie derselben gewohnt, sehen sie es nicht vor was sonderbahres an, da es hingegen vor den Augen der Naturkundigen ein Geheimnis ist, und sie in Verwunderung setzet, wenn sie es zu sehen bekommen. Dieses habe ich längst erkannt und darüber meine Reflexion gehabt, so daß es einmahl mit einen Articul in der Arte inveniendi abgeben sollte, gleichwie ich mir auch darinnen zu zeigen vorgenommen gehabt, daß alle Wahrheiten ursprünglich aus der allen gemeinen Leuten beywohnenden Erkäntnis hergeleitet werden müßen. Man findet in der gemeinen Erkäntnis öffters eben dasjenige, was man durch kostbare Experimente suchet, wenn man nur eines auf das andere zu reduciren weiß, und man hat viele Experimente, die dem Ansehen nach unterschieden sind, in der That aber doch einerley seyn, und in Wißenschafften, wozu dadurch der Weg gebähnet werden sol, eines nicht mehr nutzet, als das andere, nur daß das eine mehr in die Augen fället, weil man mehr gewohnet ist die Sache nach den Sinnen als nach der Vernunfft zu beurtheilen." Damit ist auch folgende Äußerung Wolffs (II 142) zu vergleichen: „. . . ob ich zwar meines Ortes viel davon halte, wenn gezeiget wird, wie ein Experiment zu dem andern Anlaß gegeben, als welches in der Arte inveniendi [als ars experimentandi und observandi] und in Ermeßung des wahren Ruhmes, den man den Erfindern beyzulegen hat, seinen Nutzen hat."

2. Die Institutions der Madame de Châtelet. Wir bringen auch hier zunächst das briefliche Material. Am 7. Juni 1739 schreibt Wolff an Manteuffel (I 92/3): „Aus Ciray en Champagne habe Brieffe erhalten, daß Mr. de Voltaire sich jetzt daselbst aufhält und mit der Madame de Chatelet, die bereits in der Mathesi und Physick große progressus gemacht, insonderheit der Experimental-Philosophie oblieget, so daß das Schloß zu Ciray einer Academie des Sciences ähnlich sein soll. . . . Ich werde trachten dorthin die correspondenz zu unterhalten, ob vielleicht von denen seltsamen und nicht viel taugenden principiis der heutigen Engelländer, die in Frankreich sehr überhand nehmen, die Frantzosen könnten abgezogen werden. Erst mit letzterer Post habe von einem guten Freunde vernommen, daß der Portugisische Minister in Rom P. Evora, bey dem ich so wohl angeschrieben, als nur möglich, ihm diese Ursache gesagt, warum insonderheit bey der hohen Geistlichkeit und anderen gelehrten Theologis meine Philosophie in Italien in so großes Ansehen kommen, als er in anderen auswärtigen Ländern noch nicht gefunden. Es wäre nämlich durch die principia der heutigen berühmten Engelländer der Materialismus und Scepticismus in Italien überall gewaltig eingerißen. Man hätte sich nicht im stande gefunden aus der Scholastichen Philosophie demselben zu begegnen. Daher hätte man sich mit Macht auf meine Philosophie legen müßen, weil man darinnen die Waffen gefunden, wodurch man diese Monstra bestreiten und besiegen kan. In Frankreich reißet der Deismus, Materialismus und Scepticismus auch gewaltig und mehr ein, als fast zu glauben stehet. Und es wäre gut, wenn die vortrefflich gelehrte Marquisin gleichfals das Instrument seyn könnte, wodurch diesem Übel vermittelst meiner Philosophie gesteuert würde."

Darauf warnt Manteuffel den Gelehrten im Hinblick auf den Charakter der beiden „amans de Cirai" (I 104): „La Marquise; que Voltaire pròne dans tous ses poëmes, et dans tous ses écrits, comme une heroine accomplie, en fait d'esprit et d'erudition; ressemble par le genie, et par ses inclinations, à son amant. De tous ceux qui m'en ont fait le portrait, aucun ne la depeignit jamais comme une Dame solidement savante: Mais comme une folle, pètrie de vanité et de coquetterie; aiant l'esprit vif, inquiet, curieux et bisarre; beaucoup de caquet et de saillies dans les conversations; des manieres fort libres, ordinairement polies, et souvent inegales; voulant absolument briller par quelqu'endroit extraordinaire, et couvrant l'irregularité de sa conduite par l'affectation de quelque application aux sciences. En un mot, tous ceux qui m'en ont parlè, la croient une extravagante achevèe, mais dont l'extravagance (: grace à Voltaire:) s'est d'abord tournée du cotè des belles lettres; et, bientòt après, du cotè des sciences serieuses et abstraites, qu'elle effleure avec beaucoup de legerité, selon les idées, que son maitre est capable de luy en donner."

Wolff antwortet am 5. Juli 1739 (I 113): „Das Portrait von Mr. de Voltaire und der Marquisin de Chatelet ist so beschaffen, daß wenig gutes von Ihnen in Ansehung meiner Philosophie zu hoffen ist."

In den uns erhaltenen Briefen kommt erst wieder am 31. Januar 1740 die Sprache auf Madame de Châtelet. Manteuffel schreibt nämlich: „Il faut que la Marquise de Chatelet ait tout à fait changè de caractere, et qu'elle ne regarde plus Voltaire comme un oracle, si elle est susceptible de justes idèes." Sie studiert nämlich Wolffs Metaphysik.

Nach dem Brief Wolffs vom 3. April 1740 ist inzwischen die wissenschaftliche Annäherung seitens der Madame de Châtelet schon fortgeschritten. Es heißt da (I 185): „Die Frantzosen wollen gar nicht an das, was methodisch geschrieben ist. Und schreibet mir dieses selbst von ihren Landsleuten die Madame de Chatelet, . . . Unterdessen bezeiget sie große Lust zu meiner Philosophie." Sie verlangt nähere Anweisung zum Studium der Wolffischen Werke und bittet um Empfehlung eines Lehrers zum Unterricht ihres Sohnes in der Wolffischen Philosophie.

Am 6. Juni 1740 bringt Manteuffel folgende interessante Mitteilung (I 200): „. . . quelques cahiers imprimez d'un livre, que Mad. de Châtelet va publier . . . Il est encore sans titre, mais je crois qu'il s'appellera Institutiones Philosophiques ou Phisiques [genauer Titel: Institutions de Physique, Paris 1741, anonym], et il paroit très bien ècrit et raisonnè. Nous venons d'en lire quelques feuilles, dont nous avons ètè charmez, puis qu'elles debutent par une espece d'abbregè, très joli et très clair, de vòtre Metaphysique; sur les principes de la quelle l'auteur semble batir tout son traitè. Nous y avons mème trouvè un endroit [S. 65 f.], où cette Dame refute; mais d'une maniere demonstrative, et qui n'admet pas de replique; ceux qui soutiennenf que c'est la matiere qui pense. Elle rapporte (mais sans nommer le masque) les propres paroles d'un endroit de la lettre [cf. unten S. 156], que son ami Voltaire a publièe sur ce sujet, et en montre poliment et solidement la faussetè. Enfin, si tout le livre rèpond à ce que nous en avons lu, il rendra plus de service à la Veritè et à Vòtre Philosophie, que tout ce qu'on eut put faire et ècrire en Allemagne, pour en etaler l'evidence et l'utilitè . . . Ce qu'il a de sûr, cest qu'il saute aux yeux, qu'elle a renoncè . . . à toutes les chimeres de son ami Voltaire, qu'elle surpasse de cent piques dans la justesse et nettetè des idèes."

Wolff bestätigt die Richtigkeit (I 207): „Die Madame de Chatelet hat mir von diesen Institutionibus Physicae geschrieben, aber im höchsten Vertrauen. . . . Man sol es nicht wißen, daß es ihre Arbeit ist."

Am 21. September 1740 berichtet Wolff weiter von der Madame de Châtelet (I 242): „Sie schrieb mir unlängst, daß sie in meinen Schrifften wohl avancirte und nun bis zu der Psychologia rationali kommen wäre. Und wenn Sie alles wohl begriffen, wole Sie mein Apostel in Franckreich werden. Denn ihre Landsleute wären es werth, daß sie zu gründlicher Erkäntnis der Wahrheit auf den rechten Weg gebracht würden. Sie wird nicht nachlaßen alles mögliche zu thun, damit sie ihren Zweck erreichet."

Am 6. Januar 1741 kann Wolff mitteilen, daß das Buch der Marquisin völlig erschienen ist. Bereits aber taucht bei Wolff ein leises Bedenken auf (I 261): „Ich kan mir nicht zusammen reimen,

wie die Madame de Chatelet so große Lust zu meiner Philosophie
bezeiget, daß sie sich vorgenommen mein Apostel bei den Frantzosen
zu sein, und gleichwohl de Voltaire an Sie noch immer so attachiret,
daß er sie nicht verlaßen wil."

Am 7. Mai 1741 endlich gibt Wolff sein erstes Urteil über das
neue Buch ab (I 266): „Dieser tage habe der Marquisin du Chastellet
Institutions de Physique zu sehen bekommen und einige Sachen
durchgelesen. Mich wundert, daß diese Dame mit so großer Deutlichkeit die Sache vortragen kan. Und wenn Sie ihrem Versprechen
nach meine gantze Philosophie auf gleiche Art in einen Auszug
bringen wolte, zweiffele ich nicht, daß ich Sie in Franckreich für
meinen Apostel erkennen müße."

Und am 14. Juni (I 268/9): „Die Madame de Chastellet hat mir
ihr Buch überschickt. Und Euer hochReichsgräfl. Excellence kan ich
aufrichtig versichern, daß ich mich verwundere über die Deutlichkeit,
damit sie auch die subtilsten Sachen vorträget. Wo sie von dem
redet, was ich in meiner Metaphysique vorgetragen; ist es nicht
anders, als wenn ich mich selbst in Collegiis reden hörte. Wenn
Euer HochReichsgräfl. Excellenz nachlesen wollen, was Sie von dem
spatio [cap. 5] abhandelt; so werden Sie finden, wie Sie eben auf
eine solche Weise davon redet, wie ich dazumahl den Vortrag tat. . . .
Die Madame de Chastellet hat schon eine Controvers bekommen mit
dem de Mairan[1]), der an stat des alten Fontenelle . . . Secretaire
bey der Academie des Sciences [in Paris] worden. Sie hat seine
Einwürffe wieder die vires vivas in ihren Institutionibus beantwortet
[S. 422 ff.]. Weil er ein Anhänger von Newton, wie Maupertuis ist;
so hat er es sehr übel genommen und einen Brief drucken laßen,
darinnen er ihr antworten will. Sie hat aber auch schon wieder ihre
Antwort auf diesen Brief drucken laßen. . . . Ich wollte wünschen,
daß Sie nicht durch controvertiren abgehalten würde ihre Institutiones
zu Ende zu bringen, damit Sie meine gantze Philosophie, wie sie
vorhat, nach dem Begriff der Frantzosen abhandeln könnte. Ich wil
Sie dazu aufmuntern, soviel ich kan. Denn es ist doch niemand
unter den Frantzosen geschickter dazu als Sie."

---

[1]) Cf. zum Sachlichen Kants „Ged. v. d. wahren Schätzung d. leb. Kr."

Manteuffel (I 270) teilt Wolffs Freude und bestätigt bezüglich des Abschnittes vom Raum „que ce fut une repetition de ce que je vous avois entendu dire."

Aber am 25. Januar 1742 stellt Manteuffel eine in einem uns verloren gegangenen Brief bereits gestellte Frage bezüglich der Madame de Châtelet nochmals (I 278): „Est-il vrai ou faux, qu'elle ait apostasié, par rapport à vòtre Philosophie?"

Wolff hält eine Sinnesänderung nicht für gewiß, aber für möglich (I 281) und sagt: „Sie hat sich beschweret, daß ein gewißer Schweitzer, Nahmens König, der in Marburg unter mir studieret, in Paris, wo er mit ihr gewesen, ausgebracht, daß er das meiste in ihren Institutionibus gemacht. Da Sie sich so leichte umkehren läßet, kan es wohl wahr seyn. Man wird sehen, wie die Holländische Edition herauskommen wird, wo Sie vieles ändern wollen. Wenn Sie dem de Voltaire mit seiner Newtonianischen Philosophie Gehör gibt, wird die Änderung keine Verbesserung seyn."

Bezüglich der neuen Ausgabe schreibt Manteuffel (I 286): „Un Libraire d'icy, m'aiant envoiè ces jours passez la nouvelle edition de ses Institutions-Physiques; precedèes du portrait de l'Auteur, et suivies par un ajoutè, contenant sa dispute avec Mr. de Mairan; j'ai eu le curiositè de confronter les 3. premiers chapitres de cette edition, avec ceux de la prècedente, et j'ai trouvè, que, bienloin de se dedire de ce qu'elle avoit avancè, elle l'a rendu, en bien des endroits, beaucoup plus clair, et plus concluant qu'il n'ètoit [genauer Titel: Institutions Physiques de Madame la Marquise du Chastellet adressées à Mr. son Fils, Nouvelle Edition corrigée et augmentée, Toure premier — man könnte hinzufügen — „et unique", Amsterdam 1742]." Deswegen beglückwünscht Manteuffel den Gelehrten im Blick auf die „utilitè, qui ne sauroit manquer d'en revenir à vòtre cause, ou pour mieux dire; à celle de la Veritè".

Ein Brief Wolffs vom 18. Juni 1743 enthält den definitiven Verzicht auf die wissenschaftliche Unterstützung durch Madame de Châtelet (II 38/9): „Man hat mir geschrieben, daß in Paris Herr Maupertuis und Clairant [Châtelets Lehrer in der Mathematik], welche von der Philosophie nichts verstehen, und daher am leichtesten mit der so genannten philosophia Newtoniana zurechte kommen können, die

Madame de Chatelet wieder umgekehret, daß sie ihr altes Lied singet, nachdem ich ihr niemanden verschaffen können, der Sie bey dem Gedancken erhalten, auf welchen Sie Herr König gebracht, dem das meiste von ihren Institutionibus physicis zuzuschreiben ist, und Sie auf die Art vor sich nicht fortsetzen kan, wie das Werck angefangen . . . Die Flüchtigkeit ihrer Landsleute, die Sie als ein Hindernis angegeben sich auf meine Philosophie zu legen; wird auch wohl ihr eigenthümlich verbleiben" — das Endergebnis eines verheißungsvollen Unternehmens, das natürlich auch von Manteuffel lebhaft bedauert wird (II 40 cf. I 260).

In einem Briefe Wolffs vom 26. September 1748 findet sich noch folgende Notiz (III 532): „Herr König in Franckreich hat seinen Ruhm nicht durch die Mme. du Chatelet, sondern durch seine in der höheren Geometrie u. der neueren Analysi gegebene Proben erhalten. . . . Mit der Mme. du Chatelet ist er längst zerfallen, und gar kurtze Zeit Freund mit ihr gewesen. Und es ist wohl niemand, der mehr nachtheiliges von ihm andere zu bereden suchet, als eben diese Mme., wie ich mit ihren Briefen erweisen könnte".

Zu dieser Episode — man könnte sie „Wolff in Frankreich" nennen — sei kurz folgendes bemerkt. Madame de Châtelet, eine Frau von umstrittenem Charakter, aber von hervorragender Begabung für Mathematik und Naturwissenschaft, war von Voltaire, dem Vorkämpfer Newtons in Frankreich, in den Jahren gemeinsamer Forschung auf Cirey in die englische Philosophie eingeführt worden. Schon einmal, bei einer Preisaufgabe über das Feuer, hatte sie jedoch in aller Heimlichkeit den (mißlungenen) Versuch gemacht, sich der übermächtigen Gedankenwelt ihres genialen Freundes zu entziehen und auf eigenen Feldern Ruhm zu ernten. Einen Versuch gleicher Art, nur in weit größerem Stil bedeuten ihre Institutions de Physique. Wolff, der Antipode Voltaires, soll ihr dazu dienen. Sie will Wolffs Apostel in Frankreich werden, so wie Voltaire Newtons Apostel ist. König, einer der besten Schüler Wolffs, wird ihr Lehrmeister. Sie beginnt ihre selbsterwählte philosophische Mission mit einem Buche, das offenbar ein Gegenstück zu Voltaires (der Mad. de Ch. gewidmeten!) Elem. de la philos. de Newton bilden soll und trotz englischer Einflüsse als vorzügliche Darstellung der Wolffischen Gedanken bezeichnet

werden muß. Aber die Wahrheit dringt bald durch: Der geistige
Vater des Buches ist König. Châtelet hat nicht einwandfrei gehandelt.
Eine Entzweiung ist die Folge. Die Verfasserin gibt das Buch zwar
in 2. Auflage heraus, betont in dem Titel prononciert ihre Autor-
schaft, setzt es aber nicht fort und kehrt im übrigen zu der Gedankenwelt Voltaires zurück, dessen persönliche Freundschaft sie trotz der
wissenschaftlichen Rivalität auch inzwischen nicht entbehren mußte.
Näheren Aufschluß und zum Teil abweichende Ansichten bietet die
Voltaireliteratur (bes. Desnoiresterres). Cf. auch unten S. 62 ff. und
S. 171 ff.; ferner Joel, Die Frauen in d. Philos. u. Rebière, Les
femmes dans la science, S. 54 ff.; Büsching I 123.

3. Formeys Belle Wolfienne. Am 27. Januar 1741 berichtet
Wolff an Manteuffel über dies Buch Formeys, dessen Hauptheldin
Espérance ihren Liebhaber in langatmigen Gesprächen in die Philosophie Wolffs einführt (I 260): „Ich finde, daß, was er [Formey]
aus dem Discursu praeliminari [dem Anfang der Logica Wolffs] und
der Logick vorbringet, mit meinen Gedancken übereinkommet. Und
sehe also nicht, was Herr Dechamps daran auszusetzen, als daß er
vermeinet, meine Philosophie habe nicht nöthig in einen Roman ein-
gekleidet zu werden. Und das einige dabey, was zu besorgen, ist
dieses, daß der Leser bey der Hauptsache nicht mehr attention zu
gebrauchen verleitet werden kan, als er bey dem Nebenwercke anwendet: wodurch geschehen würde, was Herr Des Champs besorget,
daß dadurch nur Gelegenheit zu unrichtigen Begriffen gegeben würde.
Ich halte freylich bey meiner Philosophie für das Beste, was vom
methodo herrühret [wovon im 1. Teil der B. Wolf. überwiegend die
Rede ist], nemlich daß man von der Wahrheit überzeuget wird und
die Verknüpffung einer mit der andern einsiehet, auch zu recht voll-
ständigen Begriffen unvermerckt gelanget, und dadurch eine Scharf-
sinnigkeit erhält, die auf keine andere Weise zu erreichen stehet;
welches bisher fast niemand begreiffen wil. . . . . Ich wollte daß
Herr Formey sein Werck continuierte: es kan wenigstens dazu dienen,
daß vielen eine Lust zu der Philosophie gemacht wird, an die sie
sonst nicht gedencken würden."

Aber als Wolff die Fortsetzung wirklich zu Gesicht bekam, lautete
sein Urteil wesentlich anders (I 269): „Ich hätte wollen wünschen,

daß der Frantzose in Berlin gleiche Einsicht mit ihr [Mde. de Châtelet] hätte und gleichen Fleiß auf meine lateinischen Schriften wendete; so würde er in dem andern Theile seiner Belle Wolfienne nicht den Spinosismum darinnen gefunden haben [den ein Hallenser Theologiestudent der Wolffisch. Philosophie vorwirft]."

Manteuffel stimmt völlig bei (I 270): „Quant l'Auteur de la belle Wolfienne, ses objections sont trop plates et elles ont ètè souvent rèchauffèes et refutèes par d'autres, pour pouvoir faire impression sur quiconque a lu vos ouvrages." Damit verbindet Manteuffel gleichwohl den Vorschlag einer Widerlegung Formeys und zwar durch une lettre françoise au nom de la belle Esperance à cet Etudiant de Halle, que Formey a fait venir sur la scène et qui merite qu'on luy donne un peu sur les doigts."

Wolffs Antwort kennen wir nicht. Er scheint aber nicht darauf eingegangen zu sein.

Am 7. Januar 1743 schreibt er wieder (II 15): „Es giebt Leute in Berlin, welche lieber sehen, daß ich ihnen zugestände meine Metaphysick wäre mit dem Spinosismus einerley, und hat auch wohl deswegen Mr. Formey in dem andern Theile seiner Belle Wolfienne seine Sprache ändern und die Langische Einwürffe wiederhohlen müßen".

Am 18. Juni 1743 glaubt Wolff den Verfasser der Belle Wolf. zu seinen Feinden zählen zu müssen. Aber Manteuffel klärt ihn auf, daß Formey n'est rien moins que prévenu contre vôtre philosophie. Il n'enseigne mème qu'elle aux Auditeurs de son College (II 40). Freilich — müssen wir hinzufügen — war Formey nicht reiner Wolffianer, sondern Eklektiker und überdies ein ebenso fruchtbarer wie oberflächlicher Schriftsteller.

Am 8. Mai 1746 schreibt Wolff (II 283): „Herr Formey hat an mich geschrieben, und mir den vierten Theil von seiner Belle Wolfienne geschickt, darinnen eine Übersetzung von der Ontologie enthalten, oder dem ersten und andern Capitel der deutschen Metaphysick. Und ich glaube, daß dieses auch beßer sey als seine Gespräche, die er angefangen hatte."

Diese Proben mögen genügen! Die übrigen Äußerungen des Briefwechsels sind ohne Bedeutung, höchstens abgesehen von einer Anfrage Manteuffels nach dem Verhältnis der nécessité und éternité des Essences (II 307/8), deren Beantwortung durch Wolff wir leider nicht kennen. Beachtenswert sind die zitierten Stellen aber als Beleg für die wechselnden Gefühle, mit denen Wolff die Entstehung dieser populären Gesamtdarstellung seiner Philosophie verfolgte, ähnlich wie schon bei Châtelets Buch. Cf. etwa noch Formeys ausführliche Selbstanzeige in der Nouv. Bibl. Germ. 1746 S. 409ff.

4. Ein wissenschaftliches Tischgespräch. Manteuffel berichtet am 11. Dezember 1746 voll Vaterstolz an Wolff (II 397/8): „Il faut, pour la rareté du fait, que je vous fasse le recit d'une conversation, qu'elle [scil. ma fille ainée, die wir bereits kennen] eut, ces jours passez, avec un de nos professeurs, qui viennent ordinairement diner avec moi. Il est bon de savoir préalablement, que ma fille a quelque lecture; qu'elle a lu, entres autres livres, quelques de vos écrits et de ceux de Leibniz; et qu'elle sait se tirer assez bien d'affaires, lorsqu'il s'agit de raisonner avec des gens, dont les sentimens different des vôtres. D'un autre côté, le professeur en question est grand amateur de tout ce qui sent l'Antiquité, et prétend, par consequent, qu'on peut étre très bon Philosophe sans le secours de la nouvelle philosophie, pourvûqu'on ait un peu étudié les anciens philosophes, dont il croit les sentimens plus justes, que ceux des modernes, qui affectent, dit-il, de critiquer et de blamer les anciens, quoiqu'ils doivent à ceux-ci le peu de veritez, qu'ils enseignent, et qu'ils font passer pour leurs decouvertes, en y ajoutant des tours nouveaux, et en les defigurant souvent par leurs explications, et par les consequences qu'ils en tirent. Or, ma fille aiant la curiosité d'assister à la pluspart des conversations, que j'ai euës . . . et, sur tout, à l'occasion des lettres, que vous m'avez fait l'honneur de m'écrire . . .; et aiant, un jour, remarqué, que vous aviez parlé des sentimens de Platon dans votre lettre du 7. d. c. [nicht erhalten], elle se mit, dès le mème jour, à lire la vie et les Dialogues de Platon, pour se mettre en état de convaincre le prof., 1. que Leibn.; comme elle l'avoit deja remarqué auparavant; bien loin de blamer cet ancien Philosophe, en parle avec beaucoup de veneration, 2. que Platon a enseigné, en son tems, la pluspart des mémes veritez, que Leibniz, mais que celui-ci a su les rendre plus évidentes, en les demontrant, et 3. que de tout cela s'ensuit, que le prof. blame la nouvelle Philosophie, sans l'avoir lue, et sans savoir ce qu'elle enseigne. Aussitót dit, aussitót fait. Le Prof. nous étant revenu voir, le lendemain, elle le remit

sur le méme sujet, et le rendoit si capot, en prouvant sa thése; et par Leibn. et par vous, et par Platon méme; qu'il se contenta de repliquer, qu'il falloit, que le traducteur françois de Platon; c. à. d. Dacier; eut mal translaté le texte grec, et qu'il iroit, relire celui-ci, chez lui."

Tags darauf fügte Manteuffel diesem Brief folgenden Nachtrag hinzu: „J'oubliois de vous dire, que ma fille vint m'annoncer, hier au soir, d'un air triomphant, qu'elle venoit de trouver dans son Platon, de quoi prouver à son Antagoniste, que ce philosophe a eu les mémes idées, que vous et Leibniz, non seulement, sur les substances simples, mais aussi l'immortalité et l'immaterialité de l'ame; sur le meilleur monde, et peutétre, dit-elle, sur l'harmonie-préétablie, que le prof. traite de nouvelles chimeres: d'où elle va conclure ce midi, qu'il a aussi peu lu Platon, que vos écrits et ceux de feu Leibniz."

Wolff antwortet darauf am 19. Dezbr. 1746 (I 399—400): „Ihro Gnaden dero Comtesse Tochter bin ich unendlich verbunden vor das gute Andencken, und habe mit vielem Vergnügen ersehen, wie Dieselben den H. Professor . . . in die Enge getrieben. Ich glaube, seine Zuflucht zu dem Griechischen Texte wird ihm wenig geholffen haben. Der Herr von Leibnitz hat mir einmahl selbst gesagt, daß Plato von den Monaden und denen übrigen von Euer hochgräfl. Excellenz specificierten Punkten, einerley Gedanken gehabt, und, wo ich mich nicht irre, in einem Schreiben an den H. Remond in Frankreich gedacht, es würde derjenige dem menschlichen Geschlechte einen großen Dienst thun, der seine [Platos] Philosophie in ein ordentliches Systema brächte. Es ist nicht zu leugnen, daß in alten Schrifften viele gute Gedancken zu finden, und kan ich selbst nicht leugnen, daß mehr als einmahl darinnen gefunden, was ich vor etwas neues gehalten. Und habe ich oft gewünschet Zeit zu haben dieselben Schrifften zu durchlesen, welches aber vor mich zu weitläuffig ist. Ich habe aber auch gefunden, daß es Ihnen gar oft an einem Lichte fehlet, daß sie recht können verstanden werden, weil man bey Ihnen gar schwer deutliche Begriffe antrifft, und die Wahrheit als Wahrheit kan mit Überzeugung erkandt werden, weil ausführliche Beweise fehlen, ja auch meisthenteils gar keine vorhanden sind. Ich laße nun dahin gestellet seyn, wie hoch das zu schätzen, wenn . . . ein Licht anzündet, dadurch die Dunkelheit vertrieben, und die Wahrheit klar gemacht wird, daß man sie erkennen kan, und wenn man Überzeugung von dem gewehret, was man sonst nur auf guten Glauben annehmen muß. Ich besinne mich hier auf den Confucium, deßen Lehren die Missionarii zwar vor gut und nützlich, aber gemein ausgegeben; dahingegen ich in den Anmerckungen über die Oratio von der Sinesen Philosophia practica viel erhabenes darinnen gefunden, nachdem ich meine principia vorher inne gehabt, und dadurch die Lehren des Confucii mit gantz anderen Augen angesehen. Ich weiß aber auch, daß man erinnert, ich machte den Confucium klüger, als er gewesen, und andere es mir verarget, daß ich demselben zueignete, was ich zu einem Ruhme vor mich hätte behalten können, hingegen habe ich auch behauptet, und behaupte es noch, was mich die Erfahrung gelehret, daß wer meine Begriffe sich geläuffig gemacht und auf die Art die Sachen aus denselben auszuwickeln sucht, vieles in den Schrifften der Alten, ja auch selbst in der Bibel[1]), finden wird, was er sonst nicht darinnen würde gesucht haben, und alsdann erst dieselben mit rechtem Nutzen lesen können. Und ich sage nichts, als was ich selbst erfahren. Der Grund aber davon lieget in dem, was ich vorhin gesaget."

Das Problem, das wir hier zum Gegenstand eines Tischgespräches gemacht und von beiden Seiten ohne das nötige Maß von Kenntnis behandelt sehen, ist dies: inwieweit sind Wolff und Leibniz originelle Denker, inwieweit sind sie Nachbeter der alten Philosophie, besonders Platos? Die Tochter Manteuffels glaubt Wolff einen großen Dienst erwiesen zu haben durch den Nachweis, daß die Leibnizische Philosophie und die — mit ihr identische — seinige ihrerseits beide mit der Platos identisch seien. Richtig ist daran jedenfalls, daß Leibniz im Gegensatz nicht nur zu der Menge unbedeutender Fortschrittler, sondern auch zu Männern wie Descartes, Baco und Locke in der Tradition das Gute erkannte und festhielt. Ja er besaß — nicht zum Nutzen seiner eigenen Philosophie — ein fast übertriebenes Anpassungsvermögen an fremde Terminologien und Gedankenreihen. Daher ist es mit Reserve aufzunehmen, wenn er übrigens seinerseits selbst mit Einschränkungen an Remond schreibt (11. Febr. 1715): „J'ai toujours été fort content . . . de la Morale de Platon et encore en quelque façon de sa Metaphysique. . . . Si quelqu'un reduisoit Platon en

---

[1]) Dieser Gedanke wurde Wolff zum Vorwurf gemacht, cf. Ludovici Hist. d. W. Philos. 2. A. 1737 S. 239.

Système, il rendroit un grand service au Genre Humain, et l'on
verroit que j'en approche un peu" (cf. auch die Briefe an Remond
vom 10. Januar 1714 und vom 4. November 1715). Aber daß die
Leibnizische und mit ihr die Wolffische Philosophie weiter nichts als
eine Repristination der Platonischen sei, dürfte sich denn doch im
Ernste kaum behaupten lassen. Auch mag es wohl nicht ohne
weiteres einleuchtend sein, wie Manteuffels Tochter mit dieser These
den ultrakonservativen Professor widerlegen will, der seinerseits ganz
ähnlich behauptet, die moderne Philosophie verdanke ihr Bestes, wenn
es auch nicht viel sei, der alten. Es müssen höchstens die Ansichten
über den Umfang der bei den Modernen vorhandenen antiken Ge-
dankenschätze auseinander gegangen sein. Sicher aber ist, daß die
Dame ihrem verehrten Lehrer Wolff das Gegenteil von Freude bereitet
hat, wenn sie so energisch für seine Abhängigkeit von Leibniz und
Plato eingetreten ist. Das war ja gerade die Schwäche an ihm, daß
er sich für weit origineller hielt, als er wirklich war. Wie er in
seinem Herzen über eine derartige Identifizierung dachte, zeigt sein
Unmut über Bilfingers Ausdruck Philosophia Leibnitio-Wolfiana (cf.
unten S. 60). Der Tochter seines Gönners gegenüber muß er sich
vorsichtiger ausdrücken. Er tut es, indem er ihren Gedanken eine
interessante Wendung gibt. Er gesteht nämlich bereitwillig zu, daß
sich bei den Alten viele seiner Behauptungen mehr oder minder
deutlich konstatieren lassen und zwar zu seiner Überraschung; denn
er hat die Autoren nicht gelesen, sondern erst nachträglich die Übereinstimmung entdeckt. Er ist also nicht abhängig von ihnen. Im
Gegenteil! Was sich bei ihnen fragmentarisch und unklar findet,
das ist bei ihm wissenschaftlich herausgearbeitet. Wenn es sich also
fragt, welche Philosophie die überlegene ist, so ist es die seinige;
denn erst von dem fortgeschrittenen Standpunkt seiner Philosophie aus
kann man zurückblickend die verschiedenen Ansätze richtig würdigen.
Cf. zum Sachlichen Stein, Gesch. d. Plat. III S. 247 ff.

Anhangsweise sei erwähnt, daß sich im Briefwechsel auch einige
Aussagen über den Angriff des Crusius auf Wolffs Lehre von der
ratio sufficiens finden, die aber kaum etwas Bemerkenswertes bieten
(II 27, 29/30; III 361, 363, 367, 369, 383, 386 ff.).

3. Kapitel: Naturphilosophie.

Die naturphilosophischen Ausführungen des Briefwechsels stehen unter dem Zeichen des gerade damals akuten Gegensatzes zwischen der Newtonschen und Wolffischen Schule. Speziell über den mit den Namen Euler und Justi verknüpften Monadenstreit finden wir reiche, bisher wohl kaum durchweg bekannte Mitteilungen. Bevor wir jedoch dies Material reproduzieren, empfiehlt es sich zum Verständnis die in Betracht kommenden Lehrgegensätze im Zusammenhange zu skizzieren, — umsomehr als uns eine anderweitige nähere Darstellung des Monadenstreites nicht bekannt geworden ist (außer etwa Windheims Göttingischer Philosophischer Bibliothek 1749/50 cf. auch Harnacks Gesch. d. B. Ak. I 319, 402 f.[1]) Jedoch ist nicht zu übersehen, daß der Monadenstreit aus den längst bekannten Leibniz-Newtonschen Lehrgegensätzen herausgewachsen ist.

Zunächst steht charakteristischerweise die Erkenntnistheorie in Frage. Die Wolffische Schule unterscheidet Sinne und Einbildungskraft als unteres Erkenntnisvermögen von Verstand und Vernunft als dem oberen Erkenntnisvermögen. Die sinnenfällige Erkenntnis belehrt nur über das Äußere der Dinge, über phaenomena, und ist folglich ungenügend. Daher hat auch die Mathematik, das Produkt der aus ideae sensuales erwachsenden imaginatio, nur Erkenntniswert zweiten Ranges. Bis zum wahren Wesen der Dinge, bis zu den causae primae dringt nur das obere Erkenntnisvermögen vor. Reine Verstandeserkenntnis ist aber metaphysische Erkenntnis. Schon hier wird der enorme Abstand der beiderseitigen Standpunkte klar. Die Wolffianer dringen auf metaphysische Naturerkenntnis und vermögen einer empirisch-mathematischen Naturforschung — trotz aller Hochachtung

---

[1] Sonst mag etwa noch genannt sein: Eberstein, Versuch e. Gesch. d. Log. u. Metaph. 1. Bd.; Casim. v. Creuz, Versuch über die Seele (Einltg.), 1755; Danzel, Gottsched u. s. Zeit, S. 59 ff.

vor Experiment und Mathematik — doch nur untergeordneten wissenschaftlichen Wert zuzuschreiben. Aber gerade die empirisch-mathematische Naturerkenntnis ist für die Gegner die wahre, erschöpfende, alle Metaphysik dagegen Hirngespinst, weswegen sie auch mit dem Vorwurf der qualitates occultae sehr freigebig waren. Bestand doch Newtons Großtat vor allem in der Aufstellung mathematisch formulierter Naturgesetze, während er zugleich der Wissenschaft zurief, sich vor Metaphysik zu hüten — eine Stellungnahme, die durch die Autorität so hervorragender Mathematiker wie Newtons selbst, dann Eulers u. a. verstärktes Gewicht erhielt. An dem Punkte, wo für die Newtonianer die Forschung zu Ende war, fing sie für die Wolffianer erst recht eigentlich an, und zwar führte sie in gerader Linie und notwendig von den gewonnenen exakten Ergebnissen zu deren metaphysischem Verständnis. Ja, eine Physik, die nicht in Metaphysik gipfelt, verdient nicht einmal den Namen „Physik". Hier Metaphysik, hier exakte Forschung, — unter diesen Schlagwörtern deutete sich einerseits leise die Kantische Wertung der Mathematik (und die qualitative Differenzierung von Sinnlichkeit und Verstand?) an. Wolff ist in diesem Punkte Leibnizens Fortbildner. Unter diesen Schlagwörten vollzog sich damals aber andererseits auch, vielleicht den Kämpfenden nicht in ihrer ganzen Tragweite bewußt, „eine in der Geschichte der Wissenschaften überaus bemerkenswerte Tatsache: die Ablösung der Naturforschung von der allgemeinen Philosophie" (Windelband). Von symptomatischer Bedeutung ist dafür, daß sich das — philosophische — Interesse an den erkenntnistheoretischen Voraussetzungen einseitig auf seiten der Wolffianer findet. Eben dies aber entspricht der von Wundt betonten Tatsache, daß die Einzelforschung unbekümmert um Erkenntnistheorie ans Werk zu gehen und die Regelung der prinzipiellen Denkvoraussetzungen der Philosophie zu überlassen pflegt.

Von hier aus fällt Licht auf einen Vorwurf, den wir im Briefwechsel Wolff gegen Newton erheben sehen, den Vorwurf, daß die sog. Newtonsche Philosophie gar keine Philosophie sei. Dabei waltet aber ein Mißverständnis ob. Zwar trägt Newtons Hauptwerk den Titel: Naturalis philosophiae principia mathematica. Aber im Zusammenhang mit dem Bestreben die Philosophie praktisch nutzbar zu machen, hatte

4*

sich der Sprachgebrauch gebildet, daß natural philosopher einfach den experimentierenden Physiker bezeichnet (cf. Lange, Gesch. d. M. I 238). Philosophia naturalis im Sinne der Engländer bedeutet also durchaus nicht das, was wir im allgemeinen darunter verstehen und was auch Wolff darunter verstand, nämlich metaphysische Spekulationen, sondern exakte Forschung. Infolgedessen hat Wolff gar nicht so unrecht, wenn er es tadelt, daß man Newton zu einem Metaphysiker machen will. Darin sehen wir einen Vorzug Newtons, Wolff dagegen einen Mangel an Gründlichkeit. Nach seiner Ansicht war es ein Hauptfehler Newtons, die Mathematik und mit ihr die notiones imaginariae auf die Gegenstände der Naturforschung anzuwenden, ohne zugleich „reelle Concepte" beizubringen, d. h. eine Ontologie und Kosmologie zu schreiben.

Hier mag auch die merkwürdige Tatsache erwähnt sein, daß Wolff den „principia der wahren Alchymisten" sympathisch gegenübersteht und ihre Sätze gar nicht so „ungereimt" findet, wenn man sie „recht versteht" (II 108 ff., 139 ff.). Das gemeinsame Band dürfte die halb physische, halb metaphysische Auffassung der Körperelemente sein.

Indessen finden sich bei den für uns wichtigen Newtonschen Lehren trotz aller Verachtung der Metaphysik zwei Punkte, an denen wir nach unseren Begriffen einen regelrechten Übergang von der Physik zur Metaphysik zu konstatieren haben und die zugleich Streitobjekte zwischen Newtonianern und Wolffianern repräsentieren. Es ist dies 1. die Lehre von der Entstehung der Bewegung in der Welt durch einen unmittelbaren göttlichen Eingriff und 2. die Lehre vom Weltraum als dem Sensorium Dei. Was die erstere betrifft, so erklärten die Newtonianer, man könne bei dem kausalen Zurückschreiten innerhalb der Kette der einzelnen Bewegungen niemals zu einer immanenten Erklärung gelangen, sondern werde stets auf einen ersten göttlichen Anstoß geführt. Sie erhoben von da aus den Vorwurf des Atheismus gegen die Wolffianer, welche eine zwar metaphysische, aber trotzdem innerweltliche Erklärung der Bewegung lehrten. Dafür mußten sich die Newtonianer ihrerseits wiederum den Vorwurf mangelnder Gründlichkeit gefallen lassen. Ber Raum aber — zweitens — ist nach den Newtonianern ein konkretes, reales Ding vor und außer den Körpern, als Weltraum das Sensorium Dei, nach den Wolffianern eine Abstraktion, ein Verhältnisbegriff, nämlich die Ordnung der koexistierenden Dinge, also hier ein Begriff des Verstandes, dort der Sinne. Vergleicht man nun diese Gleichsetzung spatium = sensorium dei mit der Formel Spinozas extensio = attributum dei, so begreift man die seitens der Wolffianer erhobene Anklage auf Spinozismus und Atheismus. Es ist ferner klar, daß die Newtonianer von ihrem Raumbegriff aus die mit dem Wolffischen Raumbegriff verknüpfte Lehre von den einfachen Dingen zu würdigen kaum imstande waren. Ähnlich steht es mit dem Zeitbegriff, der aber• in der Debatte weniger hervortritt.

Der bisher gezeigten Diskrepanz der Standpunkte entspricht die gegensätzliche Prägung der Lehre von den Körperelementen. Zu den letzten Elementen der Körper gelangt man nach der Ansicht der Newtonschen Schule grundsätzlich, wenn auch nicht tatsächlich durch physische Zerteilung, und sie werden in materielle Atome gesetzt, falls nicht überhaupt die Möglichkeit kleinster Teile geleugnet und die Teilbarkeit für endlos erklärt wird. Wolff dagegen lehrt: Zu den letzten Körperelementen, den „einfachen Dingen", gelangt man durch (metaphysische) Verstandesbetätigung, und sie bestehen in metaphysischen Kraftzentren nach Art der Monaden. Den Ausdruck „Monaden" selbst vermeidet Wolff, und er lehnt es ausdrücklich ab, daß die Materie ein „Haufen Geister" sei. Hier stoßen wir bereits auf neue Streitpunkte, die Anlaß zu unerschöpflichen Erörterungen boten. Es ist zunächst das Problem der unendlichen Teilbarkeit resp. Geteiltheit der Körper. Schon die Begriffe „Teilbarkeit" und „Geteiltheit" werden in der Streitliteratur vielfach promiscue gebraucht, wodurch statt Klärung natürlich nur neue Verwirrung entsteht. Wenn indessen diese Begriffe unterschieden werden, so geschieht es meist so, daß es heißt, ein Körper sei auf mathematische, nicht aber auf natürliche Weise unendlich teilbar. Eine weitere Verwirrung herrscht hinsichtlich des Begriffes „unendlich", indem nämlich die Unendlichkeit der Anzahl der Körperteilchen teils im (relativen) Sinn von „sehr groß" (inassignable Anzahl), teils im (absoluten) Sinne von „wirklich endlos" verstanden wird. Wolff lehrt mit Leibniz absolut unendliche Teilbarkeit (auf Grund mikroskopischer Beobachtung, nicht geometrischer Grundsätze!). Die Frage nach der

Teilbarkeit der Körper verquickt sich auch gelegentlich mit der Frage, ob das Wesen der Körper in der Ausdehnung (Descartes) oder in der Undurchdringlichkeit besteht. Wolffianer und Newtonianer pflegen dann gemeinsam für die Undurchdringlichkeit und gegen die extensio der Cartesianer Stellung zu nehmen. Sodann: Die nach Wolff zur Erkenntnis der einfachen Dinge führende Verstandesbetätigung, die zugleich den Beweis für ihre Existenz enthält, lautet: wo es zusammengesetzte Dinge gibt, muß es auch einfache Dinge geben — ebenso wie zusammengesetzte Zahlen aus der Zahleinheit entstehen, ein nicht ganz einwandfreies Analogon. Dieser Schluß vom Zusammengesetzten auf das Einfache steht im Zentrum der Debatte und wird von den Wolffianern ebenso hartnäckig verteidigt als von den Gegern angegriffen, wie es ja in der Tat zu den Grundanschauungen des Wolffischen Rationalismus gehört, daß das logische Korrelat zugleich das reale Korrelat ist. Indessen wird das Bedenkliche dieses Schlusses sofort klar, sobald man ihm folgende Form gibt: wo es physische Körper gibt, da muß es eben deswegen auch metaphysische Einheiten geben.

Soviel über die Existenz der Körperelemente. Hinsichtlich ihrer Eigenschaften ist seitens der Newtonianer keine besondere Lehre zu konstatieren — die Atome bieten wenig Anlaß dazu —, wohl aber das immer wiederkehrende Mißverständnis, das sie gegenüber der Lehre von den einfachen Dingen zeigen. Unfähig nämlich dem gegnerischen Standpunkt eine wenn auch noch so bescheidene Berechtigung zuzugestehen, sind sie doppelt unfähig den wahren Sinn der Lehre von den einfachen Dingen und den fundamentalen Unterschied zwischen Atomen und einfachen Dingen einzusehen. So sehr sie gegen jede Metaphysik eingenommen sind, so wenig werden sie doch den metaphysischen Charakter der einfachen Dinge gewahr. Sie vermögen in den einfachen Dingen nichts anderes als verkappte materielle Atome zu erblicken und haben es dann natürlich bei der Polemik sehr leicht, wenn diese als unsichtbar, unräumlich, unteilbar, immateriell usw. bezeichnet werden. Was von den Wolffianern als metaphysischer Qualitätsunterschied gemeint ist, sehen sie ihrerseits hartnäckig als physischen Gradunterschied an.

So haben sie denn eine Fülle scheinbar äußerst plausibler Argumente zur Verfügung, wenn sie den Wolffianern die unübersteigliche

Schwierigkeit vorrücken, die aus der „Zusammensetzung" der sichtbaren, räumlichen, stofflichen Körper aus so heterogenem Material entstehen soll, wie es die einfachen Dinge sind. Natürlich ist es Unsinn zu behaupten, daß durch Addition beliebig vieler unsichtbarer Dinge ein sichtbares Ding entstehen soll. Aber eben der Ausdruck „Zusammensetzung" im Sinne von Addition zeugt bereits von einem großen Mißverständnis. Die Wolffianer lehren trotz des häufig gebrauchten Ausdruckes „Aggregat" nämlich gar keine solche Zusammensetzung, vielmehr eine „Entstehung", eine „Erzeugung" der Körper aus den einfachen Dingen, so wie die Kinder aus den Eltern entstehen. Sie gehen dabei von dem rationalistischen Kausalbegriff aus, nach welchem die kausierende Sache von der kausierten toto genere verschieden sein muß, widrigenfalls sie gar nicht die causa sein könnte, — ein Gedanke übrigens, der uns beim rationalistischen Gottesbeweis in der Form entgegentritt: Der Urheber der Welt muß außer ihr und anders als sie sein. Es ist nichts weiter als eine philosophia pigrorum (Leibniz) und eine Tautologie, wenn man die Frage nach den Körperelementen mit dem Hinweis auf die kleinsten physischen Teilchen der Körper beantworten will und sich dabei auf den Satz stützt: omne totum constare debet ex partibus eiusdem generis (Ludovici). Trotzdem behält — auf Seite der Wolffianer — der Übergang von den metaphysischen Einheiten zu den physischen Körpern natürlich seine enormen Schwierigkeiten, — ganz ähnlich wie die damit verwandte Frage nach dem Verhältnis von Substanz, Attribut und Modus. Wolff gibt dies auch gelegentlich zu (Anmerkungen zur deutschen Metaphysik § 217), trotzdem er zur Lösung die corpuscula primitiva und derivativa einführt und im übrigen unermüdlich auf den Unterschied zwischen sinnlicher und verstandesmäßiger Erkenntnis hinweist. Indessen steht auch die Atomtheorie bei der Frage nach der Zusammensetzung der Körper vor ähnlichen, wenn auch vielleicht minder akuten Schwierigkeiten. Während nämlich die Atome im allgemeinen die Eigenschaften der Körper teilen, unterscheiden sie sich von ihnen darin, daß sie nicht weiter zerlegbar sind. Demnach entstehen auch nach dieser Theorie die Körper aus Elementen, die wenigstens in einem Punkte heterogen sind. Ferner: mit welchem Rechte hört man in der Zerteilung der Körper bei einem beliebigen Punkte auf? Kann man ein Atom nicht wieder in Hälften, Viertel usw. zerlegen? Fährt man aber in dieser Zerlegung immer weiter fort, dann müßte man wohl schließlich beim reinen Nichts ankommen. Aber ein Körper kann doch nicht aus nichts bestehen. So ist die Atomlehre bei näherem Zusehen ein wahres „Labyrinth" (Leibniz). Endlich erhebt sich die Frage, ob die Zahl der einen Körper erzeugenden einfachen Dinge begrenzt oder unbegrenzt sei. Die Wolffianer antworten, daß sie zwar ungeheuer groß, aber doch begrenzt sei. Diese Frage nach der unendlichen Anzahl der einfachen Dinge scheint übrigens auch gelegentlich mit der ähnlichen und doch so verschiedenen Frage nach der unendlichen physischen Teilbarkeit der Körper verwechselt worden zu sein, und überdies sind beide Fragen nicht selten noch in irreführender Weise mit dem Grundsatz verknüpft worden, daß nichts Endliches (also kein endlicher Körper) das Prädikat der Unendlichkeit (gemeint ist der unendlichen Teilbarkeit) haben könne.

Mit der Lehre von den Elementen der Körper verbindet sich nun in eigentümlicher Weise die Lehre von den Kräften der Körper, und hier platzen die Gegensätze vollends aufeinander, jedoch nicht so, wie man zunächst meinen könnte, daß die eine Partei das strikte Gegenteil der andern lehrt. Vielmehr sind beide in der Anerkennung der umbestrittenen Tatsachen ebenso einig als sie in ihrer Erklärung auseinandergehen. Wolffianer wie Newtonianer geben von vornherein zu, daß es das gibt, was man vis activa, vis passiva, vis motrix, vis inertiae, vis attractionis nennt. Aber gemäß den beiderseitigen Standpunkten fällt die wissenschaftliche Beurteilung dieser vires grundverschieden aus. Die Newtonianer lehren als Ergebnis exakter Forschung: Es gibt nur eine einzige Kraft, eine vis passiva, die Kraft der Schwere. Sie gehört zum Wesen der Materie und ist eine „primäre Qualität aller Körper" (cf. über den Lehrfortschritt der Newtonschüler Falckenberg, Gesch. d. n. Ph. 6. A. S. 165). Sie manifestiert sich in der vis inertiae, dieser vis primitiva materiae impressa, vermöge deren jeder Körper in seinem Zustand, sei es Ruhe oder Bewegung, zu verharren sucht. Die Wolffianer verstanden allerdings das Gesetz der vis inertiae wohl auch fälschlich dahin, daß nach ihm der Körper in Ruhe (statt im seinen Zustand entweder der Ruhe oder

der Bewegung) zu beharren suche. Die Bewegung kommt nach Newton an den Körper durch Stoß von außen heran. Der erste Anstoß zur Bewegung ist von Gott ausgegangen (s. o.). Aus der Schwerkraft ist auch die vis attractionis abzuleiten (= la cause qui fait que les corps tendent l'un vers l'autre). Eine Bestätigung dieser Attraktionstheorie suchte man in Verbindung mit den damals lebhaft betriebenen experimentellen Untersuchungen über elektrische und magnetische Kraft zu erhalten. Daß die Newtonsche Schwerkraft wirklich zum Wesen der Körper gehört, zeigt sich auch darin, daß man mit Hilfe der Körpermasse (und der Distanz) mathematische Bewegungsgesetze gewinnt, durch welche die ganze — terrestrische und siderische — Weltbewegung sich rein mechanisch erklären läßt. Die Welt ist folglich eine Maschine, deren Bewegung nach uns bekannten Gesetzen verläuft. Man weiß, mit welchem Hochgefühl diese Erkenntnis die Newtonianer erfüllte. Dagegen lehren die Wolffianer: Gewiß gibt es die vis inertiae und die vis attractionis. Gewiß lassen sich auch in der beschriebenen Weise Bewegungsgesetze aufstellen und läßt sich die Summe der Weltbewegungen und -veränderungen rein mechanisch erklären. Die Welt ist wirklich eine Maschine. Aber diese ganze Betrachtungsweise bleibt in völlig ungenügender Weise bei dem äußerlichen Phänomen resp. bei qualitates occultae stehen. Nicht bloß soll der (auch von Wolff gebrauchte) Ausdruck vis passiva einen logischen Widerspruch in sich schließen. Die Newtonianer vermögen auch die Schwerkraft und die anderen vires weder mechanisch noch metaphysisch zu erklären. Wolff und seine Schüler leiten nämlich mit gelegentlicher Verwechslung von Schein und Erscheinung diese verschiedenen vires von eigenen angeblich experimentell konstatierten schwermachenden, bewegenden, anziehenden, wie auch elektrischen, feurigen, magnetischen Materien ab, die flüssig sind, durch die Körper hindurchgehen und gegenüber der den Körpern eigentümlichen Materie als „fremde Materien" bezeichnet werden. Demnach rührt die Schwerkraft nicht von der Körpermaterie her. Demnach ist auch die vis activa der Materie des Körpers „fremd", obwohl sie als forma substantialis die Natur (nicht das Wesen!) des Körpers konstituiert; denn zur Erklärung der in der Welt vorhandenen Bewegung ist unbedingt anzunehmen, daß die Dinge nicht etwa

ihren Zustand beständig zu erhalten, sondern vielmehr beständig zu
verändern suchen. Die vis repraesentativa universi tritt zurück.
Trieb und Fähigkeit dazu muß in den einfachen Dingen begründet
sein und zwar findet sich allein die vis activa sowohl in der Welt
des metaphysischen Seins, wie in der Welt der phaenomena (cf. dagegen den oben konstatierten Kausalbegriff), während die vis inertiae,
die vis attractionis und die Schwerkraft bloß zum phänomenalen Sein
gehören. Es wird sich jedoch kaum leugnen lassen, daß die hier
skizzierten Lehren Wolffs bei näherem Zusehen durchaus nicht glatt
zu einander passen wollen. Man gewinnt bei der Lektüre den Eindruck, daß die Monadenlehre mit ihren Konsequenzen für die Körper-
lehre Wolff infolge des Druckes Newtonscher Gedanken unter den
Händen zerbricht. In der Streitliteratur sehen wir noch eine dritte
Richtung vermittelnder Art auftreten, die den Körpern als konstitutiv
sowohl eine aktive als auch eine passive Kraft zuschreibt und sich
mehr oder minder glücklich bemüht diese beiden dennoch auf eine
einheitliche Kraft zurückzuführen.

Wolff hat in dieser Beziehung klarer gesehen und offenbar erkannt,
daß er der gegnerischen Theorie von der vis passiva nichts einräumen
durfte, wenn er nicht sein ganzes System aufs äußerste gefährden
wollte. Man begreift seine Nervosität sehr wohl; denn die Gegner
— Euler voran — unternahmen nicht mehr und nicht weniger als
von der Theorie der vis passiva aus das gesamte Lehrgebäude der
Monaden und einfachen Dinge umzustürzen — daher auch ihre
wiederholte Versicherung die Monadenlehre von den Prinzipien aus
bekämpfen zu wollen. Und zwar lautete der Gedankengang höchst
einfach so: Wenn das Wesen der Körper in der vis passiva besteht,
dann muß auch das Wesen der als Atome gedachten Körperelemente
resp. einfachen Dinge in der vis passiva bestehen, mithin kann es
keine Monaden und einfachen Dinge = punktuelle aktive Kräfte
geben. Als solche Kraftpunkte könnte man höchstens noch die Seelen
ansprechen. Vis activa und vis passiva verteilen sich dann so, daß
die vis activa auf die Welt der Seelen, die vis passiva auf die Körperwelt entfällt. Damit ist das Leibniz-Wolffische System seiner mo-
nistischen Zuspitzung beraubt und Seelen- und Körperwelt in dua-
listischer Weise auseinandergerissen. Daß Wolff schon von einer

anderen Seite her — durch Preisgabe der Vorstellungskraft der Monaden — de facto den Dualismus zwischen Leib und Seele angebahnt hat, kommt hier nicht in Betracht.

Wir treten in die Erörterungen des Briefwechsels selbst ein und bringen zuerst einige Aussagen aus den Jahren vor dem Monadenstreit, welche die Situation nicht uninteressant beleuchten.

Am 30. August 1739 (I 116) antwortete Wolff auf einen nicht erhaltenen Einwurf, der aber offenbar an die Leibniz-Clarkesche Kontroverse über den Raum anknüpft und dahin gelautet haben mag, daß in dem Raume als einem ens absolutum, einem realen Behälter der Dinge, kein zureichender Grund für die Stellung der Welt vorhanden und somit der Wolffische Grundsatz der ratio sufficiens durchbrochen sei. Wolff erwidert: „Was die objection wieder das principium rationis sufficientis in Ansehung Gottes betrifft; so gründet sich dieselbe in der notione spatii imaginaria, welches von allen Seiten der Welt in infinitum fortgehet, und darein die Welt ist gesetzet worden. Denn so bald man dieses als etwas reelles annimmet, so sind außer der Welt in Ansehung ihres Mittelpunktes verschiedene Gegenden vorhanden, und in Ansehung derselben hat die Welt in dem unendlichen Raume auf verschiedene Arten können gestellet werden. Und es ist wahr, daß alsdenn weder in der Welt eine raison zu finden, warum sie viel mehr so als anders sollte gestellet werden, noch auch in dem unendlichen Raume, darein sie gestellet worden. Denn in diesem ist durchgehends ein Theil, wie der andere und gielt dannenhero in Ansehung deselben gleichviel, wie die Welt darein gestellet worden: in der Welt aber entstehet dadurch keine Änderung, daß sie so, oder anders in den unendlichen Raum gesetzet worden, und daher ist es auch in Ansehung der Welt indifferent, wie sie Gott darein gesetzet. Diese Schwierigkeit aber verschwindet auf einmahl, wenn man bedenket, daß außer der Welt kein Raum ist, auch vor der Welt keiner gewesen, folgends auch dergleichen Gegenden bloß erdichtet werden, die in Ansehung der gantzen Welt stat finden. Und also braucht es keine raison, warum die Welt vielmehr so als anders sollte gestellet werden; sondern die gantze Frage, wie die Welt zu stellen sey, ist eine leere Frage, der kein Begrief respondiret. Ich weiß nicht, ob der Autor von der objection den reellen Begriff von dem

Raume so eingesehen, und genug erwogen, was ich in der Psychologia rationali erwiesen, wie die idea spatii sich in der Imagination formiret, daß er über dieselbe so viel Meister ist, als erfordert wird sich von diesem Zweiffel loß zu machen, der einig und allein von ihr herrühret."

Bezüglich der Monadenlehre schreibt Wolff am 11. Mai 1746 (II 288): „(Systema des Leibnitz) als welches erst sich da anfänget, wo meines aufhöret. Die Confussion aber hat H. Bülffinger gemacht, welcher zuerst mit der Philosophia Leibnitio-Wolfiana aufgezogen kommen. Und also könnte man auch noch wohl jetzt sagen, daß die Monades Leibnitianae, darauf sein eigentliches Systema (cf. Arnsperger S. 43 u. 51) gebauet ist, ein Rätzel sind, sonach nicht völlig aufgelöset, und ich nicht auflösen mag, ob ich wohl könnte, weil ich es zu meinem Vorhaben nicht brauche, ich auch diese Sache in ihrem Werth und Unwerth beruhen laße." Dieser bei Arnsperger (Chr. W.'s Verh. zu L. S. 45 ff.) und sonst[1]) zitierte Passus bringt die reservierte und zugleich unsichere Stellung zum Ausdruck, welche Wolff gegenüber der Leibnizischen Monadologie einnahm (cf. z. B. Deutsche Metaphysik S. 368 ff., Anmerkungen zur Deutschen Metaphysik § 215 [zu §§ 598 f.], Cosmol. Praef. § 182 am Schluß; Horae subs. 1729 S. 28 etc. etc.).

Wolff am 19. April 1739 (I 67): „Es ist mir aus Paris eine kleine Piece von dem Spatio gegen die Newtonianer, nahmentlich H. Gravesand und de Voltaire zugeschickt worden, darinnen man den Begriff derselben als höchst gefährlich für die Theologie erkläret, und der zu einer neuen Art eines Spinosismi spiritualis, wie es der P. Castel, dem die Censur committiret worden, tituliret, verleitet, gleichwie der Misbrauch der principiorum Cartesii den Spinosismum materialem zur Welt gebracht. Ich kan dem Autori hierinnen nicht unrecht geben . . . . Es ist überhaupt ein Fehler, daß die Engelländer die imaginaria, welche in der Mathematick ihren großen Nutzen haben, von den realibus, welche von jenen in der Metaphysick und Physick wohl zu unterscheiden sind, confundieren . . . . Es sind aber alles noch Früchte von dem Hobbesio, deßen Materialismum Locke unter

---

[1]) Z. B. bei B. Erdmann, M. Knutzen u. s. Z. S. 57.

einem angenehmen vehiculo einflößet denen, die für andere scharfsinnig seyn wollen, und doch nicht sich anstrengen mögen ihren Verstand recht zu gebrauchen und der Einbildungskrafft und den Sinnen
wehe zu thun. In Franckreich ist die Philosophie auch noch in
einem sehr schlechten Zustande. Die weit gehen wollen, hangen an
dem Cartesio. Einige bleiben bey dem Locke. Und daher hat in
Paris unter den größten Gelehrten der Scepticismus und Deismus die
Oberhand."

Ähnlich lautet auch folgende Notiz Wolffs (I 206): „Die Aus-
länder, von welchen mir der H. Probst Reinbeck schreibet, sind mit
Lockens principiis und Newtons attractionibus eingenommen, mit einem
Worte keine rechte philosophi."

Gegen Muschenbrock erhebt Wolff den Vorwurf (I 226): „Er hat
weiter nichts als den Kopff mit attractionibus Newtonianis voll."
I 227: „Die mit der Newtonianischen Philosophie schwanger gehen,
die ich vor ein non ens halte, sind überhaupt hoch intoniret, weil sie
der große Nahme Newtons aufgeblasen macht, und die Freydencker
meinen auch den höchsten Gipfel der Vernunfft erreicht zu haben, da
sie doch Vernunft und Misgeburt der Einbildungskrafft nicht unterscheiden können."

Über Maupertuis urteilt Wolff (I 245): „Mit dem Algarotti wird
er wohl zusammenstimmen, sowohl in Ansehung der Religion, als
der einfältig sogenannten Neutonianischen Philosophie, so nicht einmahl den Nahmen der Physick, geschweige denn der gantzen Philosophie verdienet. So hoch als ich den Newton in der höheren Geometrie halte; so kan ich ihn doch für keinen Anfänger in der Philosophie, geschweige für einen Philosophen halten."

Ferner (I 246/7): „Mr. Maupertuis ist einer von denen, welche
die sogenannte Newtonianische Philosophie bewundern, indem sie die
Philosophie mit der cognitione Naturae mathematica confundiren, und
diese nicht genung von der bloßen Geometrie unterscheiden, wovon
ich mich deutlicher in dem fünften Theile der Elementorum Matheseos
erkläret . . . . Die sogenannten Newtonianer aber verachten die
Cartesianer, und in Paris glaubet man zur Zeit, es gebe keine andere
Philosophie, als die Newtonianische und Cartesianische. Geometrie
und Astronomie ist das Hauptwerck, so man betreibet. In der Philo-

sophie siehet es zu Paris noch gantz finster aus. Maupertuis nimmet also an, Newton habe in der Philosophie alles beßer eingesehen, als ein anderer einsehen kan."

Wolff schreibt am 6. Januar 1741 (I 259): „Die Newtonianer sind hochmüthige Creaturen und verachten alle, die nicht mit ihnen in ein Horn blasen, und gleichwohl kan niemand die sogenannte Newtonische Philosophie für Philosophie erkennen, der von dieser einen Begriff hat. Ich werde das Kalb in die Augen geschlagen haben, da ich solches in dem fünften Theile der Elementorum Matheseos gesetzt." In dem 5. Band der Elementa Matheseos, der gerade damals (1741) in 2. Auflage herauskam, äußert sich Wolff eingehend über Recht und Grenzen der Mathematik innerhalb der Philosophie und über die Notwendigkeit von Hypothesen (gegen Newtons: hypotheses non fingo), cf. Praefatio, das Kap.: De diversis cognitionis gradibus und das Kapitel: De modo instituendi studium Matheseos intellectus perficiendi causa; ferner Comment. § 255 ff., vor allem § 257; §§ 309—311.

Wolff am 27. Januar 1741 (I 260/1): „Herr Prof. Kahle in Göttingen hat mir eine Wiederlegung der Metaphysique de Mr. Newton zugeschickt, die der Herr de Voltaire herausgegeben und darinnen er auch in Metaphysicis denselben dem Herrn von Leibnitz vorziehen will. Es ist aber Schade, daß sie Deutsch geschrieben und de Voltaire sie nicht lesen kan. [Sie erschien 1744 in franzos. Übersetzung und wurde von Volt. mit der Courte Réponse aux longs Discours d'un docteur Allemand beantwortet].[1] Es könte wohl nichts abgeschmackteres seyn, als daß er den Herrn Newton zu einem Metaphysico machen wil, da er bloß in seinen Schrifften einige notiones imaginarias von solchen Dingen hat, davon der Metaphysicus reelle concepta beybringen muß, und noch dazu einen Parallelismum zwischen Newton und Leibnitzen anstellet .... Da man mit keinen rationibus auskommen kan, wil man nun mit Newtons autorität siegen. Ich bedauere aber den guten Newton, daß dadurch Anlaß gegeben wird seinen Ruhm bey denen zu verdunkeln, die keinen Begriff von demjenigen haben, der ihm gebühret. Denn die meisten gehen nur auf

---

[1] Oeuvres compl. de Voltaire 23, Mélanges II (S. 193, cf. auch Anm. 1) par Condorcet, Paris 1879.

den Ruf bey den Mathematicis, welcher im Munde führet, er habe
wenige seines gleichen gehabt, nemlich in der Mathesi pura, wiewohl
auch hier die wenigsten das rechte Maaß zu finden wißen, darnach
sie seine Größe ausmeßen sollen. Sie laßen sich die hyperbolische
Grabschrift, die bekanntermaßen Poppe gemacht verblenden, daß bisher in der Welt lauter Finsternis gewesen wäre, Gott aber gesagt
hätte: es werde Newton gebohren! und da sey es lichte geworden."
    Voltaires Schrift heißt: „La Métaphysique de Neuton, ou
Parallele des Sentimens de Neuton et de Leibniz, Amst. 1740"
und trägt auf dem Titelblatt die Notiz: „Cet ouvrage, ... peut
servir de Supplément aux Elémens de la Philosophie de Neuton que
le même Auteur a publiés." In diesem Abriß stellt der Vorkämpfer
für die Verbreitung englischer Gedanken auf dem Festland, wie schon
der Titel besagt, die Metaphysik von Leibniz und Newton (resp.
Clarke) einander gegenüber und zwar hinsichtlich der Lehre von Gott,
von Raum und Zeit (comme propriétés de Dieu), von der Freiheit,
von Leib und Seele, ferner hinsichtlich der Atomistik, Monadologie
und Bewegungslehre usw. Man kann aber nicht behaupten, daß der
berühmte Stilist den philosophischen Parallelismus Punkt für Punkt
glatt durchgeführt, noch viel weniger, daß er den verschiedenen wichtigen Problemen eine entsprechende Würdigung hätte zuteil werden
lassen. Daß das Ganze auf den Ton der Verherrlichung Newtons
und der Verwerfung seiner Gegner gestimmt ist, braucht wohl kaum
eigens erwähnt zu werden.
    Die Gegenschrift Kahles trägt den Titel: „Vergleichung der
Leibnitzischen und Neutonischen Metaphysik wie auch ver-
schiedener anderer philosophischer und mathematischer Lehren beyder
Weltweisen angestellet und dem Herrn von Voltaire entgegen gesetzet
von Ludewig Martin Kahlen, Göttingen 1741." Den Standpunkt,
den Kahle einnimmt, kennzeichnen folgende Sätze seiner Vorrede:
„. . . . merken wir zum voraus, daß es gefehlet sey, den Herrn
Neuton einen Metaphysischen Lehrer nicht nur zu nennen, sondern
ihn auch dem berühmten Reformatori der Metaphysik, d. i. dem Herrn
von Leibnitz zur Seite zu stellen, und mit diesem zu vergleichen.
Neuton bleibt ja deßhalb doch groß, wenn er gleich kein Metaphysicus gewesen ist; und warum will man aus der Zusammenstoppelung

einiger wenigen Zweifel, oder Urtheile, dieses oder jenes Engeländers, eine Neutonische Metaphysik machen? .... Am wenigsten aber lässet sich die Parallele zwischem einem Philosophen, der ein gantz neues Systema metaphysicum eingeführet hat, und demjenigen, dem man keinen Zusammenhang metaphysischer Sätze, noch viel weniger aber besondere Erfindungen eines oder des anderen in dieser Disciplin beylegen kann, anstellen .... Leibnitz und Neuton lassen sich also wohl in der Mathematik, keineswegs aber in der Metaphysik en parallele setzen." Nun werden der Reihe nach die neun Kapitel der Schrift Voltaires besprochen, die Voltaire-Newtonsche Lehre vom Leibniz-Wolffischen Standpunkt aus gründlich abgetan, wobei logisch korrekte Schlüsse eine große Rolle spielen und der große Wolff vielfach als entscheidende Autorität zitiert wird. Es ist ohne weiteres klar, daß diese Schrift Wolff ebenso sympathisch sein mußte, als ihm die aus einer so berühmten Feder geflossene gegnerische Propagandaschrift unwillkommen war.

Wolff am 21. Januar 1743 (II 9/10 cf. II 68): „Nachdem die Engelländer aller Materie überhaupt eine vim attractricem beygeleget, so hat man auch mehr als jemahlen in Engelland die electricitatem durch Experiment zu untersuchen gesucht .... Es ist mir aber insonderheit angenehm gewesen, daß H. Prof. Hausen zu deren Erklärung nicht die anziehende Krafft der Engelländer annimmet, sondern lieber denen beypflichtet, welche die electricitatem causis mechanicis zuschreiben." Wolffs Urteile über Newton, Attraktion und Elektrizität kehren unwesentlich variiert noch in einer Reihe von Briefstellen wieder, deren Abdruck sich nicht lohnt (II 127, 129, 141, 143 ff., 306, 316).

Sehr wichtig ist hingegen wieder Wolffs Brief vom 8. März 1744 (II 108 ff.): „Gilbertus in Engelland, der die phaenomena des Magnetens mit vielem Fleiße untersucht hatte, wollte die Vim attractivam fast allgemein machen, wie in unseren Tagen Newton gethan. Kepler suchte aus der vi attractiva, welche er den Planeten beylegte und der Sonne, ihre Bewegungen um die Sonne zu erklären, worinnen ihm Newton gefolget, Guericke wollte zeigen, daß die Materie insgesammt eine anziehende Krafft hätte, ob sie sich gleich nicht überall von sich selbst äußerte, und verfiel daher auf die Experimente von der Electricität um dadurch zu behaupten, daß der Sonne und den Planeten dergleichen Kräffte nicht ohne allen Grund beygeleget würden. Und nachdem man die attractiones Newtonianas pro qualitatibus occultis ausschriee, weil seine Anhänger die vim attractricem pro vi primitiva a Deo in prima creatione materiae impressa ausgaben, so legten sich die Engelländer auf die Experimente von Electrizität, die Guericke angewiesen hatte, um dadurch zu zeigen, daß eine dergleichen anziehende Krafft in den Körpern verborgen läge, welche sie durch die Experimente suchten sichtbahr zu machen. Daß man aber auf diese Experimente keine Achtung gehabt, war der Cartesianismus Schuld, welcher alle attractionem aus der Natur eliminirte. Ob wir nun zwar diese anziehende Krafft in einer gläsernen Kugel, oder Röhre nicht anders können sichtbahr machen, als durch Reiben, und dieses Reiben eine schnelle Bewegung der Kugel erfordert; so folget deswegen nicht, daß, wenn die Sonne eine electrische Krafft hat, sie auch nicht eher würcksam werden kan, als durch Reiben; denn sie braucht nicht durch Reiben erhietzt zu werden, um dieselbe zu äußern, gleichwie der Magnet seine anziehende Krafft äußert, ohne daß er gerieben und durch das Reiben erhietzt wird. Gleichwie ich nicht leugnen kan, daß die Weite des Mondes oder der Sonne von der Erde nicht kan ausgemeßen werden, weil es nicht so angehet, wie wir mit der Elle das Tuch, oder einem anderen Maße den Acker ausmeßen; so kan man auch deswegen nicht leugnen, daß, wenn die Sonne eine electrische Krafft hat, oder eine magnetische, sie dieselbe nicht eher äußern kan, als biß sie gerieben wird . . . . Daß die Materie der Wärme und des Feuers einerley sey, halte ich selbst davor, wie auch daß dieses eine besondere flüßige Materie sey, die in der Natur vorhanden, gleich der Lufft, und die sich durch die Körper frey durch beweget, und aus einem in den andern. Und ich halte eben diese Materie vor den ignem elementarem Aristotelis, wie ich in dem andern Theile meiner Versuche ausgeführet. Unterdeßen gleichwie die Lufft sowohl in den poris der Körper enthalten, als auch in ihre mixtionem mitgehet; so leugne auch nicht, daß das elementarische Feuer so wohl ohne activität in den poris der Körper befindlich, als in ihrer Mixtion vorhanden. Und da durch das Reiben die Auflösung des mixti nicht geschiehet, scheinet die Meinung derer nicht so ungegründet zu sein. . . . ., daß das electrische Feuer nicht mit zu der massa oder materia cohaerente der Körper gehöret, sondern unter diejenigen flüßigen Materien zu rechnen sey, die sich durch die poros der Körper eben so frey, wie das Waßer durch ein naßes Läpplein beweget, wenn es in Waßer gehangen wird, und syphones capillares vorstellet . . . . Daß aber das elementarische Feuer die einige Materie sein sol, daraus alle Cörper bestehen, und daß deswegen die vis inertiae eine chimaere ist, folget im geringsten nicht. Die Vis inertiae ist so réelle wie die Materie und die Vis motrix, denn es sind alles phaenomena, die in ihrem fonte, nemlich denen substantiis simplicibus gegründet sind [also phaenomena substantiata oder bene fundata], und davon man nicht eher einen deutlichen Begriff haben kan, als biß man verstehet, wie sie in ihnen gegründet sind, wie ich in meiner Cosmologie gewiesen. Und kann man . . . . die substantias simplices nicht die prima stamina materiae nennen, woferne man nicht der gewöhnlichen Bedeutung dieses Wortes Gewalt thun wil, gleichwie auch die substantiae simplices nicht in dem Verstande die elementa rerum materialium genannt werden wie die Physick diejenigen Materien nennet, durch deren Vermischung die Materie der corporum visibilium entstehet . . . . Die Natur hat gar viele verborgene Schätze, und es gehet nicht so leichte an, daß man etwas vor unmöglich ausgeben kan, ob es einem gleich noch so paradox vorkommet." Dieser letzte Gedanke steht eigentlich im Widerspruch mit Wolffs offiziellem Begriff vom Möglichen als dem logisch Denkbaren, taucht indessen dazwischen immer wieder bei ihm auf und mag auf seine Beschäftigung mit Naturwissenschaft (oder mit Locke?) zurückzuführen sein.

Nicht uninteressant bezüglich des Aufsteigens vom unteren Erkenntnisvermögen zum oberen ist auch eine Bemerkung Wolffs über die Berechtigung ein Experiment in einzelnen Teilen bald so, bald anders zu gestalten, „indem man das wesentliche von dem zufälligen unterscheidet, welches jenem ohnbeschädiget auf vielerley Weise verändert werden kan. Und dieses geschiehet denen principiis ontologicis gemäß, die einem die Augen des Verstandes öffnen, damit man eine Sache nach ihrem wahren Werthe beurtheilen kan" (II 144).

Am 4. Oktober 1744 urteilt Wolff (II 187): „Bin eben der Meinung, daß zur Zeit noch keine wahrscheinlichere Erklärung [nämlich der Elektrizität] als durch die vortices Cartesianas gefunden worden."

Wir kommen zu dem eigentlichen Monadenstreit. Im Jahre 1746 hatte die Berliner Akademie für das nächste Jahr folgende Preisaufgabe gestellt: On demande, qu'en commençant par exposer d'une maniere exacte et nette la doctrine des Monades, on examine si d'un côté elles peuvent être solidement réfutées et détruites par des argumens sans réplique; ou si de l'autre on est en état après avoir prouvé les Monades, d'en déduire une explication intelligible des principes aux phénomenes de l'Univers, et en particulier de l'origine et du mouvement des corps" Dann folgte die tradionelle Formel: „On invite donc les Savans de tout païs à là reserve des Membres de l'Académie à travailler sur cette question."

Das hinderte aber Euler nicht noch im Jahre 1746 anonym eine Schrift herauszugeben unter dem Titel: „Gedanken von den Elementen der Körper", die im wesentlichen eine Beantwortung dieser Preisaufgabe war und sich auch direkt (§ 40) als solche ausgab. [1]). Der 1. Teil führt den Titel De la doctrine des Monades et de ses Principes und bringt eine nicht immer ganz zutreffende Reproduktion der Monadenlehre. Die Begriffe l'Etendue und la Force motrice treten in den Vordergrund. Die Monadenlehre durch Entkräftung ihrer Prinzipien umzustoßen und damit zugleich die wahre Natur der Körperelemente aufzudecken (§ 14ff.) unternimmt der 2. Teil: Examen des Principes, sur lesquels se fonde la doctrine des Monades. Ausgehend vom Begriffe l'étendue polemisiert hier Euler zunächst gegen die Theorie, daß man, sei es durch unendliche (Leibniz), sei es durch begrenzte (Wolff) Teilung der Körper zu den Monaden resp. einfachen Dingen gelange, wobei er Monaden und einfache Dinge als physische Atome faßt (§ 1—9). Sodann entwickelt er im Anschluß an den Begriff der Force und die korrelaten Begriffe changement und

---

[1]) Mir stand sie bloß in französischer Übersetzung zur Verfügung, wo sie den Titel führt: Considerations sur les Elemens des Corps, dans lesquelles on examine la doctrine des Monades et l'on découvre la veritable essence du corps und zusammengebunden mit Formeys Widerlegung, den Recherches, zugleich mit Anmerkungen aus verschiedenen Gegenschriften 1747 erschien. — Cf. übrigens Euler: Lettres à une Princesse d'Allemagne, ed. 1812 Paris, 2. Bd. S. 47ff.

mouvement seine Bewegungstheorie, die vollkommen auf dem Träg-
heitsgesetz ruht, und weist nach, daß die force d'inertie völlig zur
Erklärung aller Bewegungen (Begriff des Zusammenstoßes) und somit
zur Erklärung des physischen Weltgeschehens ausreiche (§ 10—33).
Daraus werden nun die Konsequenzen für die Monadenlehre gezogen.
Die Etres simples müssen folgerichtig die force de persévérer dans
leur état besitzen. Damit fällt aber die Monadenlehre; denn unhaltbar
wird die aus dem principium indiscernibilium gefolgerte Verschiedenheit
der Kräfte [inwiefern, ist nicht klar] und die Gleichsetzung von Leib
und Seele. In Wahrheit sind die Körper „Entia passiva", die Seelen
„Entia activa", die Körper keine, die Seelen die einzigen einfachen
Dinge. Endlich: wenn die einfachen Dinge, aus denen die Körper
zusammengesetzt sein sollen, unendlich klein sind, so sind sie gleich
dem Nichts. Es gibt keine kleinsten Teile (§ 34—82).

Die erste Notiz in unserer Korrespondenz findet sich in einem
Briefe Wolffs vom 1. Oktober 1746 (II 315): „H. Formey hat an
mich geschrieben, daß er einen Tractat unter dem Titul: Recherches
sur les Elements de la matiere geschrieben, den er einem deutschen Tractate von dieser Materie entgegengesetzt ... Weil der deutsche,
wie er schreibt, aus der Feder eines ihrer vornehmsten Mittglieder
bey der Academie der Wißenschafften vermuthlich gefloßen; so wil er
nicht gerne seinen Nahmen wißen laßen." Bereits am 4. Oktober
1746 kennt Wolff den Verfasser (II 317): „Daß Herr Euler Autor
von der kleinen Schrifft von den Elementen der Körper sey, habe
wohl gemuthmaßet, jedoch da mir von dem Inhalt noch nichts specielles
bekandt, habe es auch noch nicht vor gewis ausgeben wollen. Er
muß sich aber leicht selbst verrathen, weil er von seinen abgeschmackten
Träumen schon in der Histoire de l'Academie des Sciences de Berlin
schon davon Proben gegeben, woraus zu ersehen, daß er von den
philosophischen, sonderlich metaphysischen Materien nicht den aller-
geringsten Begriff, aber wohl ein großes Vertrauen zu sich selbst hat,
und mit einem Auge [— er war auf dem anderen blind —] auch
in der Finsternis alle zu übersehen sich einbildet."

Am 6. Oktober 1746 kündigt Manteuffel an, daß er für eine
deutsche Übersetzung der Schrift Formeys sorgen werde (II 319),
was auch alsbald geschieht (II 321).

Formeys Schrift kam erst in deutscher Übersetzung (aber nicht als solche bezeichnet) unter dem Titel „Prüfung der Gedanken eines Ungenannten von den Elementen der Körper", Leipzig 1747 und dann in französischer Sprache (Original) unter dem Titel: Recherch. etc. heraus. Die französische Ausgabe enthält die gleichfalls ins Französische übertragene und mit Anmerkungen versehene Arbeit Eulers als Anhang (s. oben Anmerkung), die deutsche einen Anhang mit 13 zitierten Stellen aus Descartes, Malebranche, Voltaire, Fontenelle, Bayle. Formeys Schrift ist sehr breit angelegt. In der einleitenden erkenntnistheoretischen Untersuchung wird Euler die Verwechslung der mathematischen Erkenntnis (durch Sinne und Einbildungskraft) mit der Erkenntnis aus dem (höheren) Vernunftvermögen vorgeworfen (§§ 1—18) und der Unterschied zwischen Metaphysik und Mathematik an den Begriffen von Körper, Raum, Ort, Zeit, Bewegung, Kraft, Schwere, Unendlich und Teilbarkeit erwiesen. Dabei zeigt sich, daß die notions imaginaires der Mathematik für das Streben der Metaphysik nach réalités statt nützlich gefährlich werden können, wenn eine reinliche Abgrenzung zwischen Mathematik und Metaphysik versäumt wird (§§ 19—49). Nun beginnt die eigentliche Untersuchung, die aus zwei Teilen bestehen soll, der Rechtfertigung der Monadenlehre (§§ 50—86) und der Widerlegung der gegnerischen Welterklärung (§§ 87—88). L'existence des Composées prouve celle des Simples. Eine Uhr kann es nur geben, weil es ihre Teile gibt. Den Ursprung eines Etre composé et étendu kann man nicht in petites parties étendues, sondern nur in Etres simples et non étendus finden (§§ 50—53). Der Ursprung der Bewegung und mit ihr der Veränderungen liegt darin, daß die einfachen Dinge und infolgedessen auch die (zusammengesetzten) Körper mit einer Force motrice begabt sind (§§ 54—55). Sodann wird Leibniz gegen Eulers Angriffe bezüglich der unendlichen Teilbarkeit der Körper verteidigt (§§ 56—62). Übergehend zu den Begriffen mouvement und changement entwickelt Formey zunächst als konstitutive und gegen einander selbständige Merkmale der Körper l'étendue, la force d'inertie und la force active. Diese Begriffe beziehen sich bloß auf die Phänomene. Über die zugrunde liegenden réalités hingegen lehrt die Metaphysik folgendes (§§ 63—69). Tout comme l'étenduë résulte de l'aggregation des Etres simples et non étendus, la resistance (la force d'inertie) et le mouvement (la force active) sont des actions composées, qui se resolvent dans les forces simples des mêmes Etres qui composent l'étendue (§ 70). La Force d'inertie représente donc le principe passif dont la raison existe dans les Elemens. Il (le mouvement) résulte du mélange inobservable des diverses actions des Elemens qui n'ont absolument aucune ressemblance avec le Phénoméne du mouvement (§ 71). Im Anschluß daran wird Gottes Verhältnis zu den Kräften und einfachen Dingen festgestellt, soweit es Gottes Erkenntnis (im Gegensatz zu den menschlichen notions imaginaires und der menschlichen getrübten Verstandeserkenntnis) und soweit es Gottes Schöpfermacht betrifft. Pour donner donc aux possibles ce supplément qu'on appelle l'existence, il suffit que Dieu crée les forces, dont l'efficace, quand elles sont parvenues à un certain degré de reunion, produit des impressions sur nos yeux que nous nommons étenduë et mouvement, et sur les organes de l'attouchement ce que l'on appelle force de resistance. C'est là cette Ame universelle de la Matiere que les Anciens Philosophes ont conçu d'une maniere confuse ‚mens quae agitat molem'. La Forme substanti le dans la Philosophie d'Aristote n'est aussi autre chose que ce principe actif de la matiere. Ferner: Toutes les actions differentes de l'Ame sont produites par une force simple et unique. De même, il n'y a, à proprement parler, qu'une seule force dans les Corps, c'est la force motrice, de laquelle dérivent tous les changemens possibles dans les Corps (§§ 72—75). In diesem Zusammenhang wird nun das von Euler verworfene principe des indiscernibles als Konsequenz der Force active gerechtfertigt (§§ 76—78), Eulers exklusive Verhältnisbestimmung von Leib und Seele als unhaltbar aufgedeckt (§§ 79 bis 80) und die Verschiedenartigkeit der einfachen Dinge — im Gegensatz zur einförmigen Trägheitskraft der Gegner — in ihrer Bedeutung nachgewiesen (§§ 81—86). Formeys Schrift schließt damit, daß — vielfach unter Wiederholung von bereits Gesagtem — die Hauptpunkte der Eulerschen Welterklärung als völlig haltlos abgetan werden und dem Verfasser vorgeworfen wird, er habe sich über das Gebiet seines Könnens hinaus gewagt und sei im Bauen ebensowenig glücklich gewesen als im Niederreißen (§§ 87—88).

Wolf am 22. Oktober 1746 (II 323): „Dabey hat er [Formey] mich gebeten, ich möchte mir die Bogen der [deutschen] Übersetzung zuschicken laßen, ehe sie abgedruckt würden, um zu sehen, ob er auch überall meinen und Leibnitzens Sinn recht getroffen, und wo etwas zu ändern stünde, solches ändern, oder auch hinzusetzen, wo etwan noch was nöthig zu seyn erachtete. Derjenige, welcher die Übersetzung übernehmen wird, darf keines Wegs besorgen, daß ich dieselbe censiren wil: von mir sol kein Buchstabe darinnen geändert werden. Und wo in der Sache etwan etwas zu ändern vorkommen sollte, oder auch etwas hinzuzusetzen nöthig seyn, wil ich es bloß erinnern, damit es der Übersetzer selbst an gehörigem Orte ändern oder einrücken kan: wie er denn auch verlanget, daß ich ihm daßelbe zuschicken sol, damit er es in dem Frantzösischen Aufsatz gleichfalls ändern oder einrücken kan."

Wolff am 25. Oktober 1746 (II 327): „Es ist mir lieb zu vernehmen, daß Hochdieselben mir die übersetzten Bogen zur Revision überschicken wollen. Denn da die wenigsten den Sinn des H. von Leibnitz recht faßen; so könnte leicht seyn, daß H. Formey auch in etwas verstoßen."

Formey an Manteuffel am 25. Oktober 1746 (II 337 f.): „Je me suis ensuite informé du sort de mes ‚Recherches sur les Elemens de la Matiere'. Mr. le Prof. Gottsched m'a ecrit qu'il n'osoit se charger de leur traduction et de leur publication. J'en suis surpris. Le personnage qu'il semble craindre n'a pas à beaucoup pres le credit, qu'il s'imagine, et la Verité merite bien que l'on coure quelques risques en la defendant. Neanmoins comme M. Gottsched a deja plusieurs Adversaires sur les bras, j'acquiesce aux motifs de prudence qui le determinent, mais j'espere pourtant que mon Ms. ne demeurera enseveli pour cela dans l'obscurité. Il doit, suivant la Lettre de Mr. Gottsched etre presentement entre les mains de Votre Excellence."

Manteuffel an Formey am 30. Oktober 1746 (II 335 f.): „. . . . vous dire à la háte, que vous pouvez étre sans inquietude, par rapport à vos Recherches. Elles sont, non seulement en bonnes mains, mais elles se traduisent actuellement; à telle enseigne que j'envoiai hiermatin les 6. ou 7. premiéres feuilles de la traduction à notre ami W., qui me les renvoiera après les avoir revuës et corrigées. Le

traducteur, qui y travaille, et les précautions, que je prens pour
rendre son travail exact, me font esperer, que la version; pourvûqu'on
ne la presse pas trop; pourra en cas de besoin, passer pour un
original, et que son énergie ne cedera guéres à celle du texte françois."

Wolff am 31. Oktober 1746 (II 339): „Aus denen von Euer
HochReichsgräfl. Excellence mir geschickten Bogen, welche hierbey
wieder zurückekommen, habe zur Gnüge ersehen, daß Herr Formey
die Sache sehr gründlich ausführet, wenn das übrige ebenso beschaffen, wie das erste, woran nicht zweiffele, weil er alles dahin ab-
zielende aus meinen Schrifften, wie mir geschrieben worden, zu-
sammengesucht und wohl erwogen. Ich hätte mir diese Schrifft nicht
so vorgestellet, wie ich den Anfang davon gefunden, und, wenn sie
sonderlich nach diesem im Frantzösischen in Holland herauskommet,
wird sie viele gute Würckung vor die Wahrheit haben, und in Berlin auch ihren Zweck erreichen. Die Übersetzung ist frei und un-
gezwungen, und drucket überall die Sache wohl aus, daß man sie
vor ein Original ansehen muß. Nur habe ein paar Worte p. 3 geändert, damit derjenige, der H. Eulers Bogen nicht gelesen, dieselben
nicht unrecht verstehet. Und da die inertia materiae in gegenwärtiger
Schrifft fast die Haupt-Sache ist, davon wieder H. Eulern zu dispu-
tieren, der terminus autem „ruhende oder stillstehende Kraft" un-
bekandt ist, auch Euler denselben nicht gebrauchet, so habe den ter-
minum verdeutscht, wie ihn Kepler genommen, und auch alle verstanden, jedoch da ich eben nicht weiß, ob das deutsche Wort, ob
es gleich dasjenige ist, was die Sache eigentlich ausdrucket, vielen in
dieser Materie bekandt seyn möchte, so habe eine Anmerkung darunter gemacht." Es ist ohne Zweifel damit die Anmerkung zu dem
— zum erstenmal vorkommenden — Stichwort „Trägheit der Materie"
in § 2 gemeint, die dann auch in die französische Ausgabe aufgenommen worden ist und folgendermaßen lautet: „Weil sich in
einem Körper, wenn er in Bewegung gebracht werden soll, ein Wider-
stand äußert, ehe eine Bewegung erfolgen kann, so hat Kepler der
Materie eine Trägheit (inertiam) beygelegt. Newton in Princip. def. 3
nennet sie Vim materiae insitam, und erinnert dabey, daß man sie
mit dem größten Nachdrucke Vim inertiae nennen könnte: welche
Benennung nach diesem angenommen. Der Freyherr von Wolf in

seinen Gedanken von Gott, der Welt und der Seele des Menschen, nennet dieselbe eine widerstehende Kraft, oder eine Kraft der Bewegung zu wiederstehen. Man muß aber davon nicht aus der Benennung urtheilen, sondern aus dem, was sich in der Erfahrung zeiget (cf. § 26).

Manteuffels Antwort (II 341): „Les remarques, que vous faites sur les feuilles du traducteur, sont à mon avis sans replique, et la Note, que vous y ajoutez, à l'occasion de la force d'inertie, est, surtout, des plus instructives. Le Prof. Gottsched, à qui le traducteur montre ses feuilles traduites, avant que de vous les faire parvenir, vouloit, comme vous, qu'il se servit de l'expression de Trägheit. Mais l'autre aiant repondu, qu'il avoit emploié celle de ruhende oder stillstehende Krafft, pour se conformer à la façon de parler de Mr. Euler, le Prof. y acquiesça. L'un et l'autre conviennent cependant, que les raisons, que vous alleguez, en faveur de Trägheit, emportent la piéce, et qu'il faut absolument s'y tenir . . . Comme vous étes en correspondence avec Mr. F., je ne doute presque pas, que vous ne l'avertissiez des mesures, que je prens ici, pour bien faire réussir sa piéce. Il a en tort de croire que c'est faute de bonne volonté, ou par respect pour Euler, que G. a refusé de le servir. Il a cru, que F. exigeoit de lui, de lui servir, lui-méme, de traducteur, et de lui trouver ici un Editeur de l'original françois."

Am 3. November 1746 unterbreitet Manteuffel Wolff „quelques reflexions" (II 343 f.), nämlich: „1. Mr. F., pour mieux confondre son adversaire, aiant hasardé . . . d'approfondir, à sa façon, plusieurs subtilitez Mathematiques, à l'occasion de l'infini, de l'indefini, de l'indivisibilité etc; et attaquant ainsi Mr. E. dans son retranchement le mieux fortifié; je voudrois que vous regardassiez ces sortes de passages, avec un redoublement d'attention, et que vous examinassiez, s'ils sont tout exprimez en termes adequats, ou justes. Il seroit facheux, qu'après toutes les peines, que F. s'est données, pour rendre sa piece convaincante, il lui fut échappé quelqu'inexactitude qui put donner occasion à son adversaire de lui renvoier la bâle, et de le convaincre à son tour; d'avoir puisé des argumens dans une source qui lui étoit étrangere et mal connue. Je suis trop novice dans les Mathématiques, pour en porter un jugement concluant: Mais il me semble certain, que; si les raisonnemens Mathematiques de F. sont aussi justes et demonstratifs, que ceux qu'il fonde sur vos principes Philosophiques, notre Anti-monadier, et tous ses semblables seront réduits à l'absurde. 2. Le Sr. E. aiant partagé son écrit en deux parties, et chaque partie en §§, ou articles, il me semble, que Mr. F. feroit bien d'en user de méme dans sa refutation etc. Mais il faudroit que Mr. F. fit, lui-méme, ce partage, et qu'il m'instruisit, de quelle maniere il l'auroit fait, que son traducteur put s'y conformer dans sa traduction. 3. Il me semble aussi, qu'il feroit bien, de traduire fidelement, lui-méme, en françois la brochure de son Antagoniste, et qu'il la fit imprimer conjointement avec sa refutation. On pourroit en user de méme, en publiant l'édition Allemande."

Ohne Wolffs Antwort abzuwarten, schreibt Manteuffel bereits am 4. November 1746 wieder an ihn (II 345): „A mon avis, Mr. F. auroit pu s'épargner la peine de remplir tant de pages de tout ce detail mathematique, s'il s'étoit contenté, de citer les endroits de vos écrits, d'ou il semble l'avoir tiré, et d'y renvoier le Lecteur. Ses argumens n'en seroient pas devenus moins concluans. Mais enfin, il a bien voulu se donner tant de peine superflue, et il faut bien, que nous nous donnions celle de le traduire tel qu'il est, pourvuqu'il ait bien rencontré par-tout; ce de quoi personne ne pourra mieux nous instruire que vous."

Wolff stimmt in seinem Brief vom 6. November 1746 bei (II 347f.): „. . . im Durchblättern wahrgenommen, daß der Autor sich weiter vertiefft, als nöthig gewesen wäre. Und bin daher mit Euer HochReichsgräfl. Excellenz einerley Meinung, daß es hätte wegbleiben können. Jedoch, da es dem Autori beliebet, dieses hinzuzusetzen, müßen wir es auch wohl ungeändert laßen, insoweit nichts vorkommet, das unrichtig ist, oder zu Misverständnis Anlaß geben könnte. . . . Ich sehe nicht, was der H. Prof. Gottsched sich vor H. Eulern zu fürchten hätte, und noch viel weniger glaube ich, daß er ihn vor einen Großen Weltweisen halten wird, und ihm zu Gefallen die Trägheit der Materie zu der allgemeinen würckenden Ursache aller Veränderungen in der Welt machen, da man dieses eher gewußt, was Newton sagt, ehe H. Euler gebohren worden, niemand aber eher darauf regardiren wollen, als biß man nach seinem Tode aus einem großen Geometrae mit

Macht einen großen Philosophum machen wollen. Ich glaube, er
wird in der Philosophia pigrorum, wie sie Leibnitz nannte, und [ein
unleserliches Wort] es bey seinen fünf Sinnen bewenden läßt, nicht
mit H. Eulern eine so große Einsicht finden, aus deren Mangel der
H. von Leibnitz in metaphysicis die Wahrheit nicht einsehen können . . .
Mir fället aber ein, daß mir vor ein paar Jahren ein Excerptum
aus Eulers Brieffe communiciret worden, darinnen er seinen degoust
vor der Philosophie bezeiget und offenhertzig gestehet, wenn er sich
auf die Philosophie hätte legen wollen, würde er es nicht weit gebracht haben, und nicht so weit wie mit seinem calculiren kommen
seyn. Und ist mir bekandt, daß auch diejenigen, die ihn wegen des
calculirens hochachten, und zugleich darinnen ihren Ruhm suchen
und erhalten haben, von ihm nicht anders urtheilen, als daß er in
der Philosophie nicht das allergeringste verstehet und im methodo
demonstrandi veterum gantz ungeübet sey, wie beides auch sein Hauptwerk; nemlich die Mechanica; klärlich zeiget, wenn einer nur die
ersten definitiones mit den angehängten corollariis, und die ersten
propositiones lieset, wo man auch finden wird, wie er sich in das
principium rationis sufficientis nicht zu finden gewußt, welches er
auf eine recht kindische Art appliciret, nach der Einsicht, die dem
H. von Leibnitz gefehlet i. e. nach den principiis Phil. pigrorum."
    Wolff am 9. November 1746 (II 355): „Die revidirten Bogen kan
noch nicht zurückeschicken biß noch einige folgende dabey habe,
weil in etwas Anstand habe, wie es zu ändern, damit der Wahrheit
kein Eintrag geschehe. Denn es scheinet, H. Formey habe die idée
von dem willkührlichen Wesen der Dinge, so er von den Cartesianern
erlernet, noch nicht gantz abandonniret, daß sie vielleicht ihm unwißend in andere Begriffe mit einfließet."
    Am 10. November äußert sich Wolff endlich zu den Punkten, die
ihm Manteuffel vorgelegt hat (II 363 f.): „Hierbey kommen die Bogen
zurück . . . . biß auf einige wenige, die noch genauer durchsehen
muß, weil sie die Hauptsache betreffen, und die Ausdrückungen nicht
überall so sind, daß sie meiner und des H. von Leibnitz Meinung
gemäß wären. Was aber die 3 Punkte betrifft, davon Euer Hoch-
Reichsgräfl. Excellenz die Antwort verlangen, so ist meine Meinung
hievon diese. 1., Da Herr Formey in seinem MSC. selbst Absätze

gemacht, so dörffen die §§. dabey nur in ihrer Ordnung notiret werden, und ist keine andere Eintheilung nöthig. 2., Wil an den H. Formey schreiben, daß er Eulers Schrifft ins Frantzösische übersetzt und zu seiner mitdrucken läßet etc. .... Übrigens hätte H. Formey sich freylich in vielen Stücken seine Mühe ersparen können, sonderlich die weitläuffige Abhandlung de divisibilitate materiae in infinitum, die ihre Richtigkeit hat, solange man die extensionem vor réell annimmt, wie die Mathematici zu thun pflegen, hingegen vor sich hinfället, wenn man sie bloß unter die phaenomena zehlet, die in denen einfachen Dingen gegründet sind: jedoch muß man laßen, was stehen bleiben kan."

Am 12. November beurteilt Manteuffel die Übersetzung der Formeyschen Schrift folgendermaßen (II 361): „... j'espere, que Mr. F. s'en tiendra à sa resolution de faire passer cette traduction pour un original, et de faire imprimer son original françois; sur le pied d'une version; à moins qu'il n'aime mieux, que l'un et l'autre soient imprimés, comme des originaux, et qu'on laisse le public le Maitre de juger, lequel des deux pourra passer pour l'original veritable. La raison, pourquoi je voudrois en être instruit au juste, c'est qu'il faudroit ajouter au titre de l'Edition allemande, que c'est une traduction, supposé que F. ait changé d'intention, et qu'il veuille d'abord avouer que son edition françoise est l'originale." Am 13. November fügt Manteuffel hinzu (II 361 f.): „Je suis d'ailleurs faché, que F. ait mal rencontré, en quelques endroits, le sens de feu Leibniz, et le vôtre, puisque vous en aurez d'autant plus de peine à la redresser. La verité est cependant, que le Prof. G. en révoiant une des feuilles traduites .... nous dit; au traducteur et à moi; qu'il doutoit, que vous approuveriez certain passage; mais qu'il ne nous appartenoit pas d'y rien changer, l'original françois s'exprimant tout comme la traduction, puisque vous ne le désapprouvez pas, et je crois, que F. ne feroit pas mal d'en faire autant dans son original, afinque les Lecteurs, qui voudront le citer ou en donner des extraits, y trouvent d'autant plus de facilité. Je voudrois méme, qu'il y ajoutat aussi des marginaux: Mais ce seroit peutétre en demander trop à un françois naturellement fort vif. La divisibilité infinie de la matiere n'est pas le seul article, qu'il auroit pu traiter avec moins de prolixité. Il s'est donné une peine toute aussi superflue; à mon avis; dans les feuilles, que vous allez encore recevoir, et où il s'est enfoncé dans un calcul absorbant, pour donner, après vous [cf. z. B. Deutsche Metaphysik cap. 6; Theol. nat. I cap. 2; Theol. nat. II cap. 2] quelque idée de la proportion qu'il y a, entre l'entendement borné de l'homme, et l'entendement infini de Dieu. Les demonstrations n'auroient rien perdu de leur force, s'il en avoit retrancher ces sortes de digressions et de remarques: Mais enfin, je crois, comme vous, qu'il faut les lui passer, pourvûqu'il ait, par-tout, bien rencontré."

Am 15. November äußert Wolff seine offene Unzufriedenheit über Formeys Schrift (II 365 f.): „Ich finde . . . ., in der Haupt-Sache des H. Formey Schrifft gar nicht so beschaffen, wie der Anfang war, und ist es beschwerlich, macht auch vielen Auffenthalt, wenn man unrechte Sachen durch Veränderung der Worte in einem Texte recht machen sol. Ich habe mir dieses schon anfangs nicht anders vorgestellet, denn die wenigsten sehen die Sache recht ein. Und glaube ich also wohl, daß dasjenige, wobey ich die Schwierigkeiten finde, eben daßelbe seyn wird, wovon H. Prof. Gottsched gesagt, ich würde schwerlich damit zufrieden seyn . . . . Unterdeßen da H. Formey mir die Freyheit gegeben auszustreichen, zu ändern und hinzuzusetzen, was ich wil; so bediene mich auch derselben, insonderheit bey der Hauptsache. Es wird aber wohl nöthig seyn, daß das abgedruckte MSC. nach diesem dem H. Formey mit zugeschickt werden, damit er sehen kan, was ich darinnen geändert . . . . Übrigens halte davor, daß man die Übersetzung drucken laße, ohne zu melden, ob es ein original, oder eine Übersetzung sey, und, wenn H. Formey einen Verleger finden kan, es mit dem Frantzösischen gleichfals so mache."

Manteuffel an Wolff am 15. November 1746 (II 367): „Vous rendrez un service essentiel à la Verité, en donnant à l'ouvrage de F. toute la justesse, et toute la clarté, qui lui manque. Dès que Vous l'aurez fait, avec cette attention qui Vous est naturelle, on pourra regarder cette piece, comme un arret sans appel, qui fermera pour jamais la bouche à quiconque voudra desormais attaquer le méme sujet." Auch Wolff mochte ursprünglich gehofft haben, in Formeys Schrift eine authentische Widerlegung seiner Gegner zu erhalten. Aber re sah sich enttäuscht. Indessen läßt Formeys Schrift, so wie sie uns, durch Wolffs Korrektur hindurchgegangen, vorliegt, kaum mehr die verschiedenen beanstandeten Stellen mit Sicherheit erkennen.

Lehrreich ist in dieser Beziehung Wolffs Brief vom 17. November 1746 (II 369 f.): „Euer HochReichsgräfl. Excellenz erhalten hierbey die Bogen, welche mir etwas verdrüslich gefallen, weil dem Autori noch selbst in der Hauptsache solche Begriffe ankleben, die er im Vorhergehenden verworffen. Er giebt die extensionem pro phaenomeno aus, welches wenn man es in eine Realität verwandelt, man aus einer perceptione confusa eine imaginariam machet, wie Leibnitz und ich behaupten [Wolffs Ethica I § 374 f.]. Unterdeßen hat er doch von dem Ursprunge der Extension, wie er redet, so geredet, als wenn es eine Realität wäre, da er aus den principiis Psychologiae rationalis hätte zeigen sollen, wie die perceptio confusa; die man, durch realisirung des phaenomeni, in eine notionem imaginariam verwandelt; [aus dem][1] in den einfachen Dingen gegründet ist. Denn hierzu braucht man nicht die differentiam specificam derselben; folgends Leibnitzens Begriff von den Monaden, sondern es fließet aus dem conceptu generico substantiarum simplicium; dabey ich es bewenden laße. Was die vim motricem betrifft; welche einerley mit der forma substantiali des Aristotelis ist; so wird deren existenz aus den phaenomenis erwiesen: Es ist aber dieselbe, sowohl als die extensio, nur ein phaenomenon, aber substantiatum, wie es Leibnitz nennet, welches wie eine substanz consideriret werden muß, und deswegen Cartesium geblendet, daß er die extensionem und vim motricem nicht mit den qualitatibus sensibilibus in eine Claße gesetzt. Von der vi motrice aber kan man wohl die inexistentiam der vis actionis in simplicibus schließen, aber von ihrer differentia spe[ci][2]fica nichts weiter herausbringen, als daß sie so beschaffen seyn müße, daß die vis motrix als ein phaenomenon darinnen gegründet. Dieß alles hätte H. F. aus meiner Cosmologie und Psychologia rationali, wie das Vorhergehende, ausführen können. Nun hat er mir zwar die Freyheit gegeben auszustreichen und hinzuzusetzen, was ich vor gut befindete; es gehet doch aber so leichte nicht an, wenn man etwas in ein anderes scriptum einschieben, und in einem Zusammenhang mit dem Vor-

---

[1] Als sinnlos wegzulassen.
[2] Zu ergänzen.

hergehenden bringen sol. Und in einer Widerlegung hätte meines Erachtens dergleichen gar weg bleiben können, ja sollen. Ich habe demnach nur darauf gesehen, daß die Sache so geändert würde, damit der Wahrheit kein Abbruch geschähe, und wieviel bey einer Refutation genung ist. Es wird aber wohl nöthig seyn, daß nach diesem das gantze MSC. H. Formey mit seinem original zugeschickt wird, damit er sehen kan, was ich geändert . . . ."

Am 18. November schickt Wolff neue Bogen unter folgenden Worten an Manteuffel zurück (II 371): „Was der Autor hierinnen vorträget, kommet mit der Wahrheit beßer überein, als das nächst Vorhergehende, und harmoniret mit dem, was ich im Vorhergehenden geändert. Nur in einem Orte habe wegen der formarum substantialium etwas geändert, die mit Recht als das principium activum im Cörper von der Materie als dem principio passivo unterschieden werden; gleichwie man nicht mit Cartesio Cörper und Materie pro synonymis halten muß, denn zum Cörper gehört auch die forma accidentalis, welche die differentiam specificam ausmacht, und darinnen eigentlich das Wesen einer jeden Art der Cörper bestehet. Die Materie kan ich nicht ansehen als das subjectum vis motricis, denn das principium actionum muß von dem passivo, welches die Materie ist, unterschieden werden."

Wolff am 20. November 1746 (II 375): „Es scheinen dem H. Formey noch immer die Begriffe anzuhangen, als wenn die substantiae simplices partes materiae wären, daraus die Cörper zusammengesetzt sind, und darinnen ebensolche Kräffte vorhanden, wie uns unsere Sinnen und die Einbildungskrafft von dem Cörper vorstellen, ob er dieselbe gleich bestritten."

Am 25. November berichtet Manteuffel weiter (II 379): „Ce matin on m'a . . . . apporté une lettre de F. [nicht erhalten], selon laquelle il paroit fort content des arrangemens, que nous avons pris ici, pour faire imprimer notre traduction Antimonadiére, sur le pied d'un original allemand."

Bis zum 1. Dezember 1746 war offenbar die deutsche Übersetzung der Arbeit Formeys erschienen. Wolff bedankt sich in einem Brief von diesem Tage für die Zusendung (II 385 f.): „Mich sol verlangen, was die Wiederlegung in Berlin vor eine Würckung haben wird.

Und ist mir sehr angenehm zu vernehmen gewesen, daß das frantzösische Original auch bald gedruckt werden sol, weil dieses der H.
Maupertuis lesen kan, und vielleicht auch andere lesen werden, die
das Deutsche nicht ansehen mögen . . . . Dieser Tage sagte mir ein
Schweitzer, der ein Landsmann von Eulern war, nemlich aus Basel,
und ein guter Freund von ihm; und hier durchreiste, seine Verwegenheit aber nicht billigte, er wolle es nicht an sich kommen
laßen, daß er der Autor sey: welches man ihm vielleicht eher glauben
würde, wenn er nicht in den Memoires der Academie, und seinen
opusculis, eben diese Meinung behauptete, die er, in seiner Schrifft
wieder die Monaden, den Naturkündigen aufdringen wil. Hingegen
würde man eher glauben, daß H. F. nicht Urheber der Wiederlegung
sey, weil er eben diese ungereimte Meinung in der Histoire, als eine
Erfindung von großer Wichtigkeit, rühmet, und daher zu einem un-
gemeinen Nutzen, der davon zu gewarten, Hoffnung macht. Unterdeßen ist es an ihm höchst zu loben, daß er der Wahrheit Platz
giebet, wenn er sie beßer einsiehet."

Wolff am 6. Dezember 1746 (II 389 f.): „Euler hat seine Meinung von der vi inertiae und den elementis, welche atomi materiales
sind, vi inertiae praeditis behaupten wollen in seinen Opusculis, die
Haude in 4.⁰ drucken laßen, und in der Histoire de l'Acad. de
Berlin p. 25 et seqq. Was in der Histoire bloß recensiret wird,
stehet in seinem Opusculis. Herr Formey nennt es . . . . eine im-
portante decouverte und in seiner Medulla hat er den Elementis vim
inertiae et motricem zugeeignet . . . . Ich sehe gar keine raison,
warum man den H. Euler in den gelehrten Zeitungen nicht nennen
sol, da er unter seinem Nahmen eben dieses in den angeführten
Orten behaupten wollen, nur daß er die Monaden nicht attaquiret.
Da er nun eben mit diesen Waffen dieselben attaquiret, und sein
Vortrag so wie dorten beschaffen; so sollte man meinen, man könnte
hinzusetzen: Wer die angeführten Schrifften gelesen, würde leicht
erkennen, daß H. Euler der Autor sey, wenn es gleich nicht Brieffe
von Berlin versicherten."

Manteuffel antwortete noch am 6. Dezember 1746 (II 391): „Quant
à l'histoire de l'Academie de Berl., et les petits ouvrages d'Eul., je
les ferai chercher de demain, pour convaincre certaines gens d'icy,

que ce n'est pas la premiere fois que ce Géometre soutient des
absurditez métaphysiques. Cependant je ne suis pas d'avis qu'il faille
le nommer publiquement ici. La refutation de F. ne le rendra que
trop perault, sans qu'il soit necessaire, de l'aigrir encore personelle-
ment en le nommant."

Manteuffel am 9. Dezember 1746 (II 393): „Le Büchersaal du
prof. G. étant actuellement sous la presse, pour le mois courant, et
allant contenir la recension de la piece de F., je lui ai demandé ce
midi, s'il ne pouvoit pas nommer l'Antimonadier, en disant p. c., qu'il
s'étoit trahi en d'autres écrits? Et ce prof. aiant trouvé ma proposition très facile à exécuter, je ne doute pas, qu'Euler n'y soit nommé
comme vous l'avez souhaité."

Wolff antwortet am 11. Dezember 1746 (II 396): „Eben da ich
dieses schreibe, erhalte Euer HochReichsgräfl. Excellenz sehr werthes
vom 9. h. und ersehe daraus, daß H. Prof. Gottsched im Büchersaal
den H. Euler mit Nahmen nennen will. Ich halte dieses bey der
Recension der Wiederlegung sehr nöthig, weil man sonst nicht verstehen kan, warum der Autor sich soviel mit den Geometris vom
höheren Range abgiebt und ihr Unvermögen in der Metaphysick zeiget,
und wenn auch selbst die größten Geometrae unserer Zeiten hören
werden, daß Euler der Autor von der Schrifft wieder die Monaden
ist, werden sie ohne dieselbe noch gelesen zu haben gleich das Urtheil fällen, daß er nichts gescheutes könne vorgebracht haben. Und
wenn sie es lesen, werden sie das übrige aus seiner trägen Krafft
beurtheilen, welche ihnen gar nicht anständig ist, ob sie gleich selbst
keine Metaphysici sind. Es scheinet, daß man selbst in Berlin bey
der Academie seinen Traum von den wahren Elementen der Cörper, wovon der Historicus bloß eine Erzehlung macht, und seine abgeschmackte
Wiederlegung des Materialismi nicht billigen wollen, weil sie beyde
Dissertationes nicht den Memoires einverleiben wollen, und er sie
deswegen besonders in seinen sogenannten opusculis edirte. Herr
Formey wird dieses am besten wißen."

Manteuffel am 19. Dezember 1746 (II 401 ff.): „ . . . . . je ne
laisserai pas de joindre ici une nouvelle partie du Büchersaal de
Mr. Gottsch., où il y a un extrait preliminaire de notre traduction,

et où Mr. Euler est nommé, par maniére de conjecture, comme Auteur de la brochure Antimonadiére".

In dieser Rezension (Büchersaal Dezbr. 1746 S. 569 f.) heißt es u. a. über die deutsche Übersetzung („Prüfung der Gedanken eines Ungenannten von den Elementen der Körper "): Dieser Gegner der Monaden soll, wie man aus guten Nachrichten hört, der berühmte Herr Professor Euler sein, dessen Verdienste um die mathematischen Wissenschaften schon weltkundig sind. Wer es aber sonst noch nicht weiß, daß die größten Meßkünstler und Algebraisten nicht eben alle-mahl die größten Weltweisen sind, der wird es aus dieser gelehrten und gründlichen Vertheidigungsschrift der Monaden und einfachen Substanzen begreifen lernen" etc.

Formey am 30. Dezember 1746 (III 13 f.): Voici notre Edition Françoise achevée avec l'année. Elle me paroit avoir assez bien réussi, et je crois qu'elle sera propre à etre répandue dans les Païs etrangers . . . . . M. de Maupertuis attend avec impatience que ce petit volume paroisse, et j'attens aussi avec impatience le jugement qu'il en portera . . . . . Les diverses attaques auxquelles Mr. Euler se trouve en bute ne pourront que faire quelque impression sur lui et le rendre plus circonspect à l'avenir dans les matieres qui ne sont pas de son ressort. Je ne suis pas surpris que Mr. Gottsched trouve prise dans son dernier Recueil d'Opuscules; il y a des pieces dont la Metaphysique n'est pas moins étrange que celle de son Ecrit Anti-Monadier."

Wolff am 8. Januar 1747 (III 3): „Von einer Frantzösischen Übersetzung nehme mir zwar nicht die Freyheit zu urtheilen; jedoch kan nicht anders sagen, als daß ich aus dieser Übersetzung die Meinung des H. Euler so gut verstehe, als aus seiner deutschen Schrifft. Nur wundert mich, warum H. Formey die Anmerckung hinzugesetzt aus Stiebritzens Wiederlegung, daß vis inertiae und vis motrix einerley sey und nur verschiedene Nahmen pro diverso respectu bekomme, da ich dasjenige, was dahinaus lauffen wollte, in seinem Aufsatze geändert, und fast einerley ist mit der Meinung der New-tonianer, welche praeter vim inertiae keine andere admittieren wollen". Diese Beanstandung Wolffs berichtet Manteuffel am 12. Januar 1747 in einem erhaltenen Briefe (III 15) wörtlich an Formey.

Was die anstößige Notiz aus der Stiebritzischen Schrift („Widerlegung der Gedanken etc § 15) betrifft, so ist offenbar die Anmerkung
zu § 33 des 2. Teiles der Eulerschen Broschüre gemeint, wo u. a.
folgender Passus zitiert wird: „La force motrice et la force de
resistance ne sont pas deux forces differentes qu'on puisse mettre aux
prises dans le même sujet; c'est une force unique, dont les dénomi-
nations varient suivant la maniere dont elle se manifeste, soit pour
arrêter le mouvement, soit pour l'exciter."

Die Schriften gegen Euler mehrten sich bald. Am 22. Oktober
1746 erfahren wir durch Wolff (II 323): „Die Wiederlegung des
Eulerschen Scripti von den Elementen der Körper hat der hiesige
Professor Philosophiae Stiebritz gemacht . . ." (s. o.)

Am 23. Oktober 1746 urteilt Manteuffel (II 325): „L'ecrit de
Mr. Stieberiz contre Mr. Euler me paroit fort bien raisonné: Mais
celuy de Mr. Formey me semble encore plus demonstratif."

Der Titel lautet: „Widerlegung der Gedancken von den
Elementen der Körper, in welchen das Lehr-Gebäude von den
einfachen Dingen und Monaden geprüfet, und das wahre Wesen der
Körper entdecket werden sollen, Franckfurt und Leipzig 1746."
Euler wird nicht mit Namen genannt, während sich der Verfasser
ausdrücklich als Anhänger Wolffs bekennt. Er hat seine Widerlegung
in 3 Teile geteilt, entsprechend den Hauptthesen seines Gegners,
welche lauten, daß es 1. keine bewegende, sondern nur eine wider-
strebende Kraft gibt, daß es 2. keine einfachen Dinge gibt und daß
3. in den Körpern Unendlichkeit der Teilbarkeit befindlich sey."
Die vis inertiae soll das Wesen des Körpers ausmachen; dies läßt
sich aber nicht zusammenreimen mit der Definition: Wesen des Körpers gleich der Art der Verknüpfung seiner Teile. Die vis inertiae
ist vielmehr eine Eigenschaft des Stoffes. Ihr ist unbedingt — in
anbetracht von Bewegung und Zusammenstoß — eine bewegende
Kraft beizugesellen. Beide vertragen sich sehr wohl mit einander,
wie man ja auch der Seele Tätigkeit und Trägheit zuschreibt, ermög-
lichen eine befriedigende Welterklärung und sind im letzten Grunde
eine einzige (bewegende) Kraft. In Konsequenz dieser Lehre von den
Kräften bleibt auch die Lehre von den einfachen Dingen bestehen. Die
unendliche Teilbarkeit der Körper erweist sich endlich als unmöglich.

Manteuffel am 26. Oktober 1746 (II 329f): „Non seulement le Prof. Gottsched s'est proposé, de faire dans son journal, quelques objections, contre la nouvelle opinion d'Euler: Mais le Dr. Joecher est dans la méme intention, et l'un et l'autre est très capable, de relever la foiblesse ou fausseté de ses argumens. J'espere méme, qu'ils n'y manqueront pas."

Am 27. Oktober 1746 schickt Wolff an Manteuffel eine Schrift Körbers und bittet um sein Urteil (II 331).

Darauf erwidert Manteuffel am 28. Oktober 1746 (II 333): „A en juger par les 3. ou 4. premieres pages, que j'en ai pu lire jusqu'ici Mr. Euler n'y est pas mal relancé, et l'auteur le convainc assez palpablement, qu'il a mal lu on mal compris les idées, que feu Leibniz avoit des Elemens dans Vos écrits. Mais, avec tout cela, celuy de Mr. F. me paroit le plus demonstratif, et le plus convaincant."

Wolff am 31. Oktober 1746 an Manteuffel (II 340): „Das Urtheil Euer HochReichsgräfl. Excellenz von M. Körbers Schrifft kommet mit meinem überein. Er hat dem H. Euler recht geantwortet, nach Leibnitzens und meinem Sinn. Allein die Schrifft des H. Formey hat allerdings viel Vorzüge und ist überzeugender und lehrreicher aufgesetzt."

Körbers Schrift führt den Titel: „Gegenseitige Prüfung der Gedanken von den Elementen der Körper, in welchen das Lehrgebäude von den einfachen Dingen und Monaden geprüfet wird etc. zur Vertheidigung dieses Lehrgebäudes angestellet von C. A. K. Frankfurth und Leibzig 1746." In dieser Schrift wird die Eulersche Broschüre Schritt für Schritt, Paragraph für Paragraph unter steter Berufung auf Wolff und Leibniz und teilweise nicht ohne Spott nachgeprüft und dem Gegner immer wieder vorgehalten, daß er die bekämpfte Monadenlehre mißverstanden habe und überhaupt in der Philosophie gar nicht bewandert sei. Die Körper sind nicht aus Monaden, wie aus physischen Teilen zusammengesetzt, sondern haben ihren Ursprung in ihnen, wie die Kindern in den Eltern. Die Ausdehnung ist nur ein Phänomen, und ihre Erkenntnis kann die Erkenntnis der einfachen Dinge umso weniger begründen, als sie sich selbst darauf gründet. Man kann nicht die Kräfte der einfachen Dinge aus der bewegenden Kraft des Körpers herleiten, vielmehr steht

es umgekehrt. Was der Verfasser (Euler) über die Teilbarkeit der
Materie, über die vis inertiae etc. sagt, ist ganz unhaltbar. Er kann
Körper und Materie nicht unterscheiden. Genannt wird übrigens
Euler nicht.

Am 7. November 1746 schreibt Wolff an Manteuffel (II 351 f.):
„Da H. Euler andere mit Nahmen nennet, so sehe ich eben keine
Ursachen, warum man ihn nicht auch nennen könnte, da er ohne
dem diese Meinungen, die er behaupten wil, ohne der Monaden zu
gedenken, schon in den vorhin [nämlich früheren Briefen] angeführten
Stellen als besondere Erfindungen unter seinem Nahmen vorgetragen.
Man darf auch nur den Anfang seiner Mechanik lesen, so wird man
bald wahrnehmen, wie schlecht er im Demonstriren bewandert, wenn
er nicht calculiren kan, und wie einfältige Gedanken er von dem
principio rationis sufficientis hat. Unterdeßen laße mir leicht gefallen,
daß er nicht genannt wird, und kan er es desto weniger übel nehmen,
wenn ihm die Wahrheit desto derber gesagt wird, weil man nicht
vermeint hätte, daß eine solche Misgeburt von ihm kommen könne.
Seine besten Freunde und die ihn in seinem Fach hochschätzen,
gestehen insgesammt, daß er so schlecht in der Philosophie bewandert,
als er sich im calculo integrali gezeiget.“

Manteuffel gleichfalls am 7. November 1746 (II 349 f.): „Le
Prof. G. m'apporte l'exemplaire cy-joint de son journal litteraire, où
il a fait inserer une recension de la brochure d'Euler . . . Il espere,
que cet extrait le justifiera suffisamment dans l'esprit de ceux, qui
peuvent l'avoir soupçonné de craindre ou de trop respecter le credit
d'Euler.“

Gottscheds „Neuer Büchersaal der schönen Wissenschaften
und freyen Künste“ enthält in der Oktobernummer 1746 (3. Bd.
4. Stück) eine Rezension der Eulerschen „Gedanken von den Elementen der Körper“. Die Einleitung nimmt Bezug auf die Stellung
der Preisaufgabe durch die Berliner Akademie. „Die Liebhaber der
Wahrheit empfanden auch ein besonders Vergnügen, daß diese berühmte Gesellschaft gelehrter Männer ausdrücklich die Versicherung
gab: daß sie selbst in Ansehung dieser Materie ganz unpartheyisch
wäre.“ Andererseits habe es sehr befremdet, „als obgemeldete Schrift
in Berlin zum Vorschein kam, die den Monaden, und allem was ihnen

einiger maßen ähnlich ist, als z. E. den einfachen Substanzen des Freyherrn und Canzlers von Wolf, das Garaus zu machen drohte. Diese Befremdung stieg auf das höchste, als man unter der Hand vernahm, daß ein ansehnliches Glied der berlinischen Akademie der Verfasser gedachter Schrift wäre; ja in derselben Schrift gar gemeldet ward, es würde selbige, allen denen zu einem Leitfaden dienen können, die sich an die obige Aufgabe der Akademie wagen würden. . . . Soll nämlich derjenige, der sich auf Erlangung des Preißes einige Rechnung machen will, sich jener Schrift als eines Leitsternes bedienen: so muß man sich ja zum Feinde der Monaden aufwerfen, und sie zu widerlegen suchen. Wo bleibt aber dabey die versprochene Aufrichtigkeit der berlin. Akademie? Und warum gestattet es dieselbe, daß dergestalt mit der einen Hand den philosophischen Köpfen diejenige Freyheit wieder genommen werde, die ihnen mit der andern war gegeben worden?" Die Besprechung der Schrift selbst rügt die Inkonsequenz ihrer Polemik, wie sie bei der Frage nach der unendlichen Teilbarkeit der Körper, bei der Ableitung aller Bewegungen und Veränderungen aus der Trägheitskraft, dem Gegenteil aller Veränderung, und bei der Erklärung der Bewegung als Ortsveränderung in einem aller lokalen Merkmale entbehrenden eingebildeten leeren Raum zutage tritt. Daraus sollen die Leser ersehen, „was sie sich von der ganzen gelehrten Schrift dieses Gegners zu versprechen haben, und wie wenig die guten Monaden in Gefahr sind, ausgerottet zu werden". Euler wird übrigens nirgends mit Namen genannt.

Am 9. November 1746 antwortet Wolff, bezüglich des Artikels in Gottscheds Zeitschrift (II 355): „Mir hat überaus wohl der Eingang gefallen, und daß H. Euler seine elende Art zu schließen gezeiget wird, soviel es sich in einer kurtzen Recension thun laßen, und vor ein Journal gnung ist. Ich weiß nicht, ob Ihnen in Leipzig bekandt ist, daß man in Heßen und, soviel mir bewußt, auch in der Schweitz einen Euler nennet, den wir einen Töpffer heißen. Denn da er vermeinet, er könne mit der Materie und der ihr beygelegten Trägheit umgehen, wie der Töpffer mit dem Thone, so hätte dieses Anlaß geben können, seinen Nahmen bekandt zu machen, ohne daß man ihn nennte, um zu zeigen, daß man ihn wiße."

Manteuffel am 9. November 1746 (II 357 f.): „Je suis charmé de voire par votre lettre de ce matin, que vous approuvez l'extrait, que le prof. G. a donné de la brochure du Maitre-potier, et ce Prof. n'en sera pas moins charmé que moi etc."

Wolff am 15. November 1746 (II 365): „Herr Prof. Gottscheds Recension findet hiesiges Ortes große approbation, und hat insonderheit der Eingang vieles Vergnügen bey den Wohlgesinnten erwecket, in dem ein jeder, er mag seyn wer er wil; das Verfahren des H. Eulers der Akademie vor sehr praejudicirlich erkennet und sich darüber verwundert, daß H. Euler nicht mehr Klugheit besitzet, auch seinen kindischen Hochmuth nicht beßer verbergen kan. Das ist aber das schlimmste, daß die Verächter der Mathematik nun ein unüberwindlich argument bekommen zu haben vermeinen, daß die Mathematick nicht den Verstand des Menschen schärffe, sondern ihn vielmehr zu anderen Wißenschafften, gleichwie zum menschlichen Leben ungeschickt mache."

Manteuffel am 4. Dezember 1746 (II 387 f.): „J'y ajoute l'article, que Mr. Mencke mettra dans la premiere gasette d'ici [nämlich Leipzig], au sujet de notre traduction monadiere, dont l'original françois fera du bruit dans le monde litteraire; vu l'air interessant, que F. va lui donner, comme il vient de me le mander. Rien cependant ne m'en plait tant que de savoir, qu'il a su mettre Maupertuis dans les interéts de la bonne cause. Et comme il est d'ailleurs sûr de Mess. Achard, Jarriges et Hayn [Mitglieder der Akademie], et que je ne doute presque pas, que le Medecin Eller après avoir assez long-tems flotté, suivant sa coutume, entre le pour et le contre; ne se soit enfin aussi declaré pour leurs sentimens, il y a bonne apparence, que l'Anti-Monadier ne croquera que d'une dent du prix de 50 ff, qu'il s'étoit sans doute, proposé de remporter, et que, par consequent, sa defaite vaudra un nouveau lustre à la Societé des Aletophiles."

Manteuffel am 6. Dezember 1746 an Wolff (II 391): „L'article de la Gazette litteraire ne s'y trouvera inseré, que dans la feuille d'après demain, celle d'hier aiant deja été sous la presse, quand je le fis tenir, samedi passé, à Mr. Mencke, qui y avoit fait inserer . . . une recension de l'écrit Eulerien, composée par nôtre Anti-Wolfien,

Crusius, qui se charge ordinairement des articles philosophiques, et qui; sans donner raison à l'Anonyme, ne laisse pas de lui applaudir, de ce qu'il a fait naitre des doutes; à son avis; inextricables contre Vôtre doctrine et celle de feu L., concernant les Monades . . ."

Am 9. Dezember schreibt Manteuffel inbezug auf einen nicht erhaltenen Brief Wolffs (II 393): „Je suis bien aise de vous dire, que ce n'est pas Mr. Mencke, lui-méme, qui fait les articles philosophiques de la gasette litteraire, mais qu'il en charge ordinairement Crusius, et que celui de la gazette d'hier seroit sorti de sa fabrique, si je ne l'avois envoié tout fait à Mencke, qui croit, que c'est aussi moi, qui l'ai composée."

Die beiden genannten Artikel lauten allerdings ganz verschieden. Der erste („Neue Zeitungen von gelehrten Sachen", 5. Dezember 1746 S. 901 ff. unter „Berlin") urteilt im Anschluß an die Inhaltsangabe der „Gedanken" Eulers (der ungenannt bleibt) folgendermaßen: „Nur soviel fügen wir hinzu, daß der Verfasser in dieser Abhandlung uns im Niederreißen glücklicher, als im Aufbauen, scheine . . . Übrigens, ob wir gleich der versuchten neuen Erklärung des Herrn Verfassers noch nicht recht geben können; so ist doch soviel nicht zu leugnen, daß er dem Leibnizischen und Wolfischen System Zweifel entgegengesetzt habe, die sich nimmermehr heben lassen dürften." In dem zweiten Artikel dagegen lesen wir (N. Ztgn. v. g. S." 8. Dezember 1746 S. 911 f. unter „Leipzig") von der „Prüfung der Gedanken eines Unbekannten": „So hat sich auch ein Verteidiger derselben (der Monaden) gefunden, der ihrem Gegner überflüssig gewachsen ist." In der Inhaltsangabe wird diese Schrift als vollgiltige Widerlegung der Eulerschen gewertet. „Durch alles dieses werden denn der Herr von Leibniz und der Herr Baron von Wolf sattsam gegen diesen ungenannten Gegner geschützt, und gewiesen, daß die Sache der einfachen Substanzen so schlecht noch nicht steht, als in der Berlinischen Schrift vorgegeben worden."

Wolff am 26. Dezember 1746 (II 405 f.): „Gestern habe in dem 2ten Stücke der Regenspurger Nachricht von gelehrten Sachen („Wöchentliche Nachrichten von Gelehrten Sachen auf das Jahr 1746 51. [nicht 2.] Stück unter „Berlin", Fortsetzg. im 52. Stück) Anmerckungen gefunden über Eulers kleine Schrifft von den Elementen der Cörper . . . Man zeiget ihm, daß er das Lehr-Gebäude von den Monaden nicht richtig vorgetragen, weil er nicht das geringste davon gedencket, daß nach demselben die Monaden, ohne eine stete innere Veränderung, nicht concipiret werden können; folgends, da keine in die andere physice influiren kan; sie nothwendig ein principium intrinsecum mutationum, also eine Krafft ihren Zustand zu ändern, in sich haben müßen, und dieses keines Weges der Krafft sich in Ansehung anderer in ihrem Zustande zu erhalten, entgegen sey. Und hierinnen hat der Autor dieser Anmerckungen allerdings Recht. Er zeiget auch, daß die Lehre, die er anderen geben wil; nicht eher Schlüße zu machen, biß man alle Umstände wohl erwogen, ihn selber angehe. Und da er weiter nichts als eine Krafft, der Veränderung zu wiederstehen, aus den abstractionibus der Mathematicorum in der Mechanick einräumen wil, es eben soviel sey, als wenn er dem Hebel die Schweere absprechen wollte, weil ihn dieselben in ihren abstracten Begriffen als eine Linie ohne Schweere concipiren . . . Wo H. Euler auf alle Einwürffe antworten sol, so wird es ihm sehr schweer fallen etwas vorzubringen, wodurch er nicht aus dem Regen in die Trauffe kommet. Ich glaube aber, er wird wohl bey seiner Art verbleiben, und wie die Eulen, sich ins helle Tages-Licht nicht wagen, indem seine Scharfsichtigkeit sich bloß auf die Demmerung erstrecket, wo wo man alles zu sehen vermeinet, da man das wenigste siehet. Dieser Tage sagte mir ein guter Freund und Landsmann von ihm, er wollte es nicht an sich kommen laßen, daß er Autor von der kleinen Schrifft sey. Es kan ihm aber dieses wenig helfen, weil er, wie ich neulich schon gedacht, eben diese Meinungen, ob zwar ohne applicatio auf die Monaden, in anderen Schrifften unter seinem Nahmen als eine besondere Erfindung, wodurch er sich groß machen und über andere erheben wil, vorträget."

Erwähnung verdient auch ein Gutachten von der Hand eines Ungenannten (wohl Jerusalems), in dem sich folgender Passus über Euler findet (III 35 ff.): „Ich mache jetzo den Schluß mit dem Zeugnis von meiner Unwissenheit. Ich soll Ew. Exc. meine Meynung von der Eulersch. Schrift und ihren drey Wiederlegungen sagen . . . Ich kan . . . nicht leugnen, daß ich mich . . . nie scharfsinnig genug gefunden habe, die Materie biß auf ihre ersten elemente zu

zergliedern, und sie in lauter Geister aufzulösen. Ich habe mich
mit der Materie so wie sie ist beholfen, und geglaubt, daß es kein
Wiederspruch sey, daß auch Gott die Materie als ein Compositum
habe erschaffen können. Ich hätte mich auch gefürchtet, wenn ich
sie bis auf ihre Monaden aufgelöset, daß ich niemals die Materie
würde wieder daraus haben zurechte bringen können. Denn es ist
mir das unbegreiflichste Geheimnis, wie aus einem aggregatu Simplicium ein theilbarer Cörper entstehen könne. Die Erklärung dieser
Monaden ist mir auch alle Zeit sehr dunkel vorgekommen. Sie stellen
sich die Welt vor. Aber wie? wie ein Kind von zwey Jahren sich
die Aeneis des Virgilii vorstellet, wenn ich ihm den Buchstab A
darin suchen laße. So kan ich auch von einem jeden Sandkorn
sagen, daß es sich die Welt vorstellet; denn ein unendlicher Geist
der die Verbindung aller übrigen Theile der Welt mit demselben
einsiehet, der kan sich die gantze Welt in ihrem Zusammenhange
daraus vorstellen. Aber was hat die monas da für Empfindungen
von. Man macht ihre Vorstellung zwar mit gutem Vorbedacht so
dunckel daß sie gar nichts mehr siehet, aber damit nimmt man ihr
mit der einen Hand was man ihr mit der anderen gibt. Endlich
finde ich auch da noch Schwierigkeiten, (wenn ich anders diese Lehre
überhaupt recht verstehe) wo die Materie aufhöret ein Compositum
zu seyn. Herr Euler chiquaniret aber das Wort Unendlich. Es ist
gar nicht zu vermuthen, daß Leibniz einen so großen Wiederspruch
solte begangen haben. Ich nehme es vielmehr an, daß die Materie
in dem äußersten Grad ihrer Theilbarkeit, der der Atomisation un-
mittelbar vorgehet, aus determinierten Größen bestehen müße. Aber
kan eine determinirte Größe auch der äußerste Grad der Teilbarkeit
heißen; kan diese nicht alle Zeit wiederum wenigstens in Gedancken
noch getheilet werden, und gehet folglich die Theilbarkeit nicht ipso
facto in Infinitum. Ich verrahte zwar durch diese Einwürffe vielleicht
meine Unwißenheit in dieser Lehre, und ich gestehe gerne, daß ihre
Dunckelheit mich alle Zeit scheu gemacht mich ihr zu nähern. In-
deßen sind es diese Zweifel weswegen ich sie alle Zeit für unwahr-
scheinlich gehalten und geglaubt habe, daß Gott die erste Zusammensetzung der Dinge für uns habe wollen laßen ein Geheimnis seyn.
Die Vis inertiae des H. Eulers scheinet mir ebenfalls zu willkürlich

angenommen zu seyn. Denn wie will er beweisen, daß in einem Cörper, wenn er ruhet, eine würckliche Vis sey in diesem Zustande sich zu erhalten. Das Wort Vis sagt meinem Bedüncken nach zu viel."

Manteuffel am 8. November 1746 (II 353): „Le Dr. Joecher . . . s'est proposé de donner dans ses Nachrichten un ample extrait raisonné de toute cette guerre Monadiere, lorsque la traduction de l'ouvrage de F. sera achevée et je Vous repons, qu' E. n'y sera pas épargné."

Tatsächlich findet sich auch in dem 88. Teil der „Zuverläßigen Nachrichten von dem gegenwärtigen Zustande, Veränderung und Wachsthum der Wissenschaften" 1747, S. 235 ff. eine Anzeige der „Gedanken von den Elem. der Körper", der „Widerlegung der Gedanken", der „Gegenseitigen Prüfung", und der deutschen und französischen Schrift Formeys. An der Hand dieser oben bereits besprochenen Schriften wird der „ganze [bisherige] philosophische Krieg" erzählt. Eulers Schrift wird ausführlich, die von Stiebriz und Körber werden in Form von Anmerkungen zu der Eulerschen reproduziert, während über Formeys Arbeit wiederum in einer eigenen Inhaltsangabe referiert wird. Der Verfasser lehnt den Standpunkt Eulers ab, scheut aber durchaus nicht vor Kritik an dessen Gegnern zurück.

Diese Rezension schickte Manteuffel an Formey. Dieser urteilte darüber am 16. Mai 1747 (III 133f.) folgendermaßen: „L'Extrait de nos Pieces sur les Monades que Votre Excellence m'a fait l'honneur de m'envoyer est fort bien dressé. On m'a dit que ce devoit etre de la façon de Mr. Joecher. Quoiqu'il en soit ses Remarques généralement parlant me paroissent fort judicieuses. Je dirai seulement deux choses 1. qu'il demande dans quelques endroits des preuves plus developées de nos assertions et qu'il seroit aisé de faire voir que ces assertions sont fondées sur des Axiomes ou premiers principes, au delà desquels il n'y a plus de resolution et idées. 2. surtout qu'il dit souvent; Les Mathematiciens n'accorderont pas ceci ou cela; mais qu'il faut prouver qu'ils sont fondées à ne pas l'accorder sans quoi on les autorise à de pures petitions de principe."

Manteuffel am 27. Mai 1747 an Formey (III 140): „L'extrait de nos piéces Monadiéres, que je vous ai envoié, n'est pas de la propre façon de Mr. Joecher, quoique ce galant homme dirige le journal, qui le contenoit."

In eine neue Phase trat der Streit ein, als die Berliner Akademie im Jahre 1747 die Preisarbeit des Advokaten Justi von Sangerhausen krönte. Doch lassen wir den Briefwechsel reden!

Formey am 25. April 1747 (III 121): „Les Pieces sur les Monades pour le Prix de cette année sont sur le Bureau pour etre examinées. Je crois que les Savans Leibnitiens et Wolfiens sont dans quelque impatience de la decision. Je ne la prévois pas encore; et je me borne à dire à Votre Excellence, que Mr. le Comte de Dhona Grand Maitre de la Maison de la Reine est à la tête de la Commission [die eigens eingesetzt worden war, während sonst die philosophische Klasse die Entscheidung hatte].

Manteuffel am 28. April 1747 (III 126): „Si tous les commissaires; nommez pour decider de la dispute monadiére; ressemblent à leur chef, l'arrét qu'ils prononceront sera des plus curieux, et je vous prie de me faire part de leur resultat, dèsqu'ils seront convenus; supposé qu'ils entreprennent de prononcer définitivement. Les Leibnitiens et les Wolfiens semblent cependant douter, que votre Societé ose pousser sa hardiesse jusques-là."

Formey am 30. Mai 1747 an Manteuffel (III 142): „Les Monades causent actuellement une grande fermentation, dans laquelle je suis impliqué sans l'avoir merité, mais je n'en dirai pas davantage."

Ausführliche Mitteilungen enthält ein Brief Formeys vom 3. Juni 1747 (III 148 f.): „Votre Excellence aura pu entrevoir dans ce que je lui ai mandé de la Commission, nommé pour examiner les Pieces, quel seroit l'evenement de cette affaire. Mais j'avoue que je ne me serois jamais attendu que les choses pussent aller au point de partialité et de puerilité, où elles ont été. Mr. le President de Maupertuis [der übrigens niemals tiefer in die Leibniz-Wolffische Lehre eingedrungen ist] s'etant entierement dechargé de l'affaire sur la commission, n'y a pris absolument aucune part. Ainsi Mr. Euler a pu conduire ses intrigues à souhait, et il ne s'y est pas epargné. Comptant d'avoir une pleine revanche de tous les Ecrits dont on a accablé sa Piece il n'a point eu de repos qu'il n'ait fait couronner une Dissertation destructive des Monades, et que le Public lira avec etonnement à la tête du Recueil qui paroîtra, tandis qu'il en verra immediatement après une excellente, un vrai Chefdœuvre, indignement frustrée du Prix [cf. Harnack]. Notez encore que la Piece couronnée étant arrivée 19 (?) jours trop tard, et comme je ne l'avois par conséquent pas mise au concours, on a répandu des bruits odieux, que je l'avois supprimée; qu'elle étoit venuë à tems etc. En un mot j'ai essuyé pendant quelques jours une persecution qui me rappelloit déja celles de Mr. de Wolff, et qui m'apprenoit à connoître qu'avec toute l'innocence du monde, et un parfait amour pour la verité, on peut succomber sous l'artifice et l'imposture. Tout cela n'a pourtant point eu de suite, et notre President est trop équitable pour prêter l'oreille à de pareilles calomnies. Mr. Heinius et moi ne nous sommes pas desistés, pour cela, un moment de notre avis, et nous avons mêmes protesté contre la decision la plus irreguliere qui fut jamais; mais on n'a pas voulu recevoir notre protestation, disant que la pluralité faisoit tout dans ces cas-là. Il me faudroit un long tête-à-tête avec Votre Excellence, pour lui dire, encore mille choses, qui se sont passées dans cette occasion, et qui surpassent toute créance. Mais la lecture de la Piece Victorieuse en dira assez à toute la Republique des Lettres. Enfin est venu le grand jour, où S. E. M. le Comte de Dhona a fulminé un anatheme solemnel, contre les Monades en présence de S. A. R. Mme. Amelie, des filles d'honneur de la Reine Mere etc. Voyez la gasette. — — risum teneatis, amici." Formey schließt mit der Bitte, diesen Brief völlig geheimzuhalten.

Interessant sind nun die verschiedenen Äußerungen der Stimmung im Kreis der Wolffianer, wie sie uns in den nächsten Briefen vorliegen.

Manteuffel am 7. Juni 1747 an Formey (III 150): „Ne pourriez vous pas m'envoier copie de l'Anathéme, fulminé contre les pauvres Mon.? Il doit avoir été comiquement patétique, s'il a été de la propre fabrique du fulminateur. difficile est, satyram non scribere. Juger des veritez Metaphysiques, selon la pluralité des voix! autant vaudroit-il nommer un Committé d'aveugles, pour decider de beauté d'une écarlate. Je meurs d'impatience de voir la piéce victorieuse; dont l'auteur s'est fait donner, depuis peu, sur les doigts, dit-on, par un Leibnitien

Anonyme, pour avoir osé combátre les sentimens de feu L. touchant l'Espace. Il ne faut pas douter qu'il ne lui arrive la méme chose, à l'occasion de son écrit triomphant. L'autorité des fulminateurs n'est pas encore assez bien établie, pour imposer silence aux Aléthophiles."

Manteuffel am 10. Juni 1747 an Formey (III 151): „L'ami [nämlich Wolff, an den Manteuffel Formeys Brief geschickt hatte (III 152)] . . . me charge de vous prier; Cher, gr. Aumer; de nous apprendre les noms des membres du Committé, qui a examiné et jugé les pieces Monadiéres, et de nous procurer confidemment une copie de celle, qui a été si liberalement couronnée, supposé qu'elle ne s'imprime actuellement, et qu'il dépende de vous de la faire transcrire. Vouz verrez, qu'il se presentera plus d'un champion pour l'assaillir, dèsqu'elle aura paru. J'en connois, tant ici qu'ailleurs, dont les coutelas sont tout aiguisez, et qui sont tout resolus de faire maine basse sur tous les Anti-Monadiers, de quelque condition, de quelque departement ils puissent étre. Que fait, et que dit donc Mr. de Jarriges à tous ces demelez? Etoit-il present à la publication de l'Anathéme, fulminé contre les Monades? Avis au lecteur: Il y en a, qui soupçonnent votre Presidt., de se chauffer du méme bois, que le grand Antimonadier, quoiqu'il ait trop d'esprit et savoir-vivre, pour se declarer aussi grossiérement que son collegue."

Manteuffel am 6. Juni 1747 an Wolff (III 152): „Il faut absolument refuter cet arrét de la Societé, dèsqu'il aura paru in extenso, et que nous serons parvenus à voir la piece couronnée; dont j'espere de recevoir, en tous cas, copie de Sangerhausen; dut on en faire tomber le ridicule sur toute la Societé. Je ne doute pas que vos amis n'en prennent soin à Halle et ailleurs, toute comme les miens feront ici."

Wolff antwortet am 8. Juni 1747 (III 158 f.): „Daß Euer Hoch-Reichsgräfl. Excellenz mir von dem Verlauf des Streites wegen der Monaden Nachricht zu geben geruhen wollen, ist mir über die maßen angenehm gewesen. Und kommet des H. Formey Brief hierbey wieder zurücke. Ich kan aber nicht verstehen, was das seyn sol, der H. Graf von Dohna habe solenniter die Monaden anathematisiret. Es ist wohl nicht anders zu vermuthen gewesen, als daß H. Euler

durchdringen würde, da H. Maupertuis mit ihm gleiche sentiments
heget, ob er zwar beßer zu politisiren weiß nach Hoffmanier, und
nicht ein solcher Ertz-Pedante ist, wie Euler, der niemahlen mit
Leuten umgegangen, und die Welt nicht weiter kennet als in einigen
wenigen Personen, die vom Handwercke sind, und ihn für ihren
Obermeister erkennen. Ich traue einem Advokaten in Sangerhausen
keine so große Einsicht in dieser Materie zu, die Leibnitzens Einsicht übersteigen sollte. Und also verspreche mir nicht viel sonderliches von dieser Schrifft. Wenn sie erst zum Vorschein kommen
wird, so wird es eben nicht schweer seyn die Schwäche derselben
zu zeigen und daraus die Einsicht der Richter bey der Societät zu
ermeßen. Ich möchte aber wohl wißen, wer dieselben gewesen sind.
Denn sonder Zweiffel wird man solche Personen dazu ernennet haben,
welche die Sache nicht verstehen, und von denen man vorher gewußt,
daß sie der Wahrheit zuwieder sind. Euer Excellenz werden solches
leicht von dem H. Formey erfahren können. Ich zweiffele nicht, daß
die Sangerhausische Wiederlegung der Monaden wird gedruckt werden,
und alsdann wird es auch nicht an solchen Personen fehlen, welche
dieselbe öffentlich untersuchen werden. Sobald dieselbe erhalten, wil
Euer HochReichsgräfl. Excellenz ausführlich schreiben, was ich dabey
zu erinnern habe, indem es nicht viel Zeit kosten, noch viel Kopf-
brechens erfordern wird. Ich bin aber eben der Meinung, daß man
Ursache habe, der Akademie ihren Unfug öffentlich zu zeigen" etc.

Am 10. Juni 1747 berichtet Manteuffel an Wolff von den Schritten,
die er getan hat um baldigst eine Abschrift der Preisarbeit zu erhalten, und fährt fort (III 160): „Tous ceux, à qui j'ai montré
l'extrait de la lettre de F., sont moins indignez contre Euler, que
contre la maniere de proceder de l'Academie. Aussi s'est-elle donné
un ridicule, qu'elle aura de la peine à effacer jamais. Par l'Anathéme solennelement fulminé par Mr. le C. de Dohna, F. n'entend
autre chose, que le resultat de la deputation, que ce Comte, qui y
présidoit, a affecté de reciter pathétiquement, pour en donner la com-
médie aux princes et aux dames, qu'il avoit invitées à cet acte litté-
raire. Je suppose, que Vous connoissez le personnage, et que Vous
n'ignorez pas, qu'il a naturellement la cervelle mal et confusément
timbrée, qu'il est d'une ignorance crasse, en tout ce qui s'appelle

science, et qu'il táche d'y suppléer par toutes sortes de lectures, confusément choisies, selon que le hasard ou ses boutades les lui présentent. Bref, c'est un vrai petit-maitre, etourdie, plein de vanité et de présomtion, et admirant tout ce qui passe ses connoissances. Que peut-on se promettre, d'une commission dirigée par un tel chef; souflée par un homme boufi d'amour-propre, tel que le grand E.; et dont la plus part des membres ne sont guéres plus clairvoiant, et que celui qui les dirige?"

Daran knüpft Wolff an, wenn er am 12. Juni 1747 schreibt (III 162): „In philosophicis kan man sich eben nicht viel sonderliches von dem Urtheil der Academie zu Berlin versprechen, wo es auf pluralitatem votorum ankommen sol, und H. Euler dominiret. Und wird das praemium in dergleichen Fällen wohl meistentheils übel angewandt seyn. Der Graf von Dohna ist mir bloß dem Nahmen nach und weiter nicht bekandt. Daher ist mir lieb gewesen, seinen characterem zu vernehmen."

Inzwischen gab Justi auf eigene Faust seine Arbeit heraus und zwar in der von ihm redigierten Zeitschrift „Ergetzungen der vernünftigen Seele aus der Sittenlehre und der Gelehrsamkeit überhaupt", IV. Bd. 6. Stück, Juni 1747: „Untersuchung der Lehre von den Monaden und einfachen Dingen, worinnen der Ungrund derselben gezeiget wird, als diejenige Schrift, welche in der königl. preuß. Akademie der Wissenschaften zu Berlin den aufgesetzten Preis auf das Jahr 1747 erhalten hat, Denkspruch: Numquam aliud natura, aliud Sapientia dicit, Juvenal." Die Preisarbeit selbst ist nach dem Vorbild der Eulerschen „Gedanken" angelegt, nur viel ausführlicher gehalten. Justi hatte sich den Fingerzeig in § 40 zunutze gemacht. Sie enthält direkte und indirekte Auseinandersetzungen mit der inzwischen gegen Euler erschienenen Streitliteratur und ist im Tone starker Polemik gegen Wolff, speziell gegen dessen „Metaphysick" gehalten. Sie gliedert sich in zwei Teile, in einen kürzeren mit der Reproduktion der Monadenlehre und einen viel längeren mit der Kritik der Monadenlehre. Im ersten Teil soll die Monadenlehre „in der größten Stärke" und in einem Zusammenhange vorgetragen werden, „den sie vielleicht bei ihren Erfindern und Verteidigern nicht hat", und in der Tat ist die Darstellung, wenn auch nicht durchweg völlig zutreffend, so doch erschöpfender als die Eulers. Im 2. Teil soll die Begründung der Monadenlehre widerlegt und dadurch diese selbst zu Fall gebracht werden. Die Kritik hebt mit der von den Gegnern aufgeworfenen prinzipiellen Frage nach dem Verhältnis von Mathematik und Metaphysik an. Und dieses Verhältnis wird ganz ähnlich wie bei den Wolffianern bestimmt, wie ja überhaupt der Eklektiker Justi sich trotz aller Polemik vielfach in Bahnen Wolffs bewegt. Die Mathematik, heißt es nämlich, ist nicht ohne allen Nutzen in der Metaphysik. Die Geometrie beschäftigt sich mit ein-gebildeten, die Metaphysik mit wirklichen Dingen. Die Verbindung eines geometrischen Begriffes mit einem metaphysischen ergibt einen falschen Schluß. Die Gegner haben indessen gar keinen Grund mit dem Vorwurf der Anwendung geometrischer Begriffe in das Feld zu rücken; denn ihr Schluß von der Existenz der zusammengesetzten Dinge auf die Existenz der einfachen Dinge ruht auf einer Analogie aus dem Zahlenreiche (zusammengesetzte Zahlen — Zahleneinheit) und ist daher selber geometrischer Art. Ferner führt konsequenter-maßen der Begriff des Zusammengesetzten niemals zum Begriff des Einfachen, sondern stets nur zum Begriff der Teile. Wenn aber das Zusammengesetzte aus Teilen besteht, so kann es „nicht zugleich auch aus keinen Teilen bestehen". Die Berufung der Gegner auf den Satz des zureichenden Grundes ist eine übertriebene Anwendung eines in gewissen Grenzen richtigen Satzes. Da vielmehr das Wesen der zu-sammengesetzten Dinge notwendig in der Zusammensetzung besteht, so braucht die Zusammensetzung keinen weiteren Grund, warum sie ist. Die Teilbarkeit der Materie ihrerseits muß ins Unendliche fort-gehen, da man sonst die Materie vernichten könnte. Ist somit die These von der Existenz der einfachen Dinge in sich zusammen-gebrochen, so bedürfen die Schlüsse auf ihre Eigenschaften weiter keiner Widerlegung. Im Anschluß daran wird als Hauptunterschied zwischen der Leibnizischen Lehre von den Monaden und der Wolffi-schen Lehre von den einfachen Dingen die Leibnizische Theorie von der Vorstellungskraft der Monaden bezeichnet, Wolff in diesem Punkt Mangel an Konsequenz und Leibniz die Unrichtigkeit seiner ganzen Theorie vorgeworfen. In der Lehre von der Entstehung der zu-sammengesetzten Körper aus den einfachen findet Justi ferner eine

Fülle von Widersprüchen. Unräumliche Dinge können keinen Raum erfüllen; noch dazu ist bei Wolff der Raum fälschlich in idealem Sinne gefaßt. Aus einfachen Dingen, denen weder Größe noch Materie noch Teilbarkeit zukommt, gehen zusammengesetzte Dinge, die sowohl Größe als Materie als Teilbarkeit haben, nun und nimmer hervor. Einfach und zusammengesetzt sind kontradiktorische Gegensätze, nicht aber entsteht das eine aus dem anderen. Zum Wesen der Körper gehört nicht, wie Wolff behauptet ohne es durchführen zu können, Bewegung, sondern vielmehr die leidende „Natur" (nicht „Kraft"), da die Bewegung von außen an die Körper herankommt. Diese leidende Natur der Körper ist ein erschöpfendes Prinzip der Erklärung des Weltgeschehens, während die Wolffianer weit entfernt davon kaum einen ursächlichen Zusammenhang zwischen den Bewegungen der Körper und den einfachen Dingen herzustellen wissen. Im Augustheft der Ergetzungen vom Jahre 1747 (Bd. V 2. St. S. 121 ff.) steht ein „Anhang zu der Untersuchung der Lehre von den Monaden und einfachen Dingen". Dieser Nachtrag zur Preisarbeit enthält eine Reihe von Ausführungen zu dem Schluß von der Existenz zusammengesetzter Dinge auf die Existenz einfacher, wobei es nicht ohne Wiederholungen abgeht, sowie eine Untersuchung zur These von der unendlichen Teilbarkeit der Materie, der die These von der unendlichen Einteilung derselben an die Seite gesetzt wird.

Besonders wichtig ist nun Wolffs Brief vom 23. Juni 1747 (II 227 f): „Das verdrüßlichste wegen des erregten Streites die Monaden betreffend, ist dieses, daß Mr. Maupertuis einerley Meynung mit H. Eulern ist, als der sich so wenig um die Philosophie insonderheit die Metaphysick als dieser bekümmert. Ich habe mich vor ihm in acht zu nehmen, daß ich ihn mir nicht zum Feinde mache, indem er stets um den König ist, und Gelegenheit hat, wiedrige sentiments gegen mich S. M. beyzubringen: wie ich denn schon gemercket, daß er kein Freund von denen, nach Art der alten Geometrarum, eingerichteten Demonstrationen ist, sondern alles kurtz und mit wenigen Worten wil gesagt haben. Kieß ist ein Würtenberger von Geburt, der durch meine Recommendation eine gute Station bey einem Polnischen Herrn erhalten, wie ich in Marburg war, wo er viele Liebe und Gütte von mir genoßen; wie er aber nach diesem nach Berlin gekommen, kan ich mich nicht eigentlich besinnen, außer daß ich weiß, daß ihn an den H. de Jarriges recommendiret, noch bey Lebzeiten des verstorbenen Königs. Die Würtenberger sind mir allemahl untreu worden[1]) und haben mir das gute mit bösem vergolten, außer H. Bülfingern. Ob nun Kieß unter die ersten zu nehmen sey, oder den letzteren zu zugesellen, weiß ich nicht, H. Formey wird am besten davon Nachricht geben können. Man rechne ihn aber, zu welchen man wolle, so sind doch die Commissarii von der Academie so benennet worden, daß sie sich gewiß die pluralitatem votorum contra monades versichern können. Die Schrifft des Advocatens von Sangerhausen wird wohl aus derjenigen ausgeschrieben seyn, welche der liederliche Müller, der sich Professorem domesticum von dem Rußischen Abgesandten in Berlin schreibet, herausgegeben und die als eine verächtliche charteque in obscuro verblieben. Und ist er sonder Zweiffel dazu gedungen worden daß er diese Schmäh-Schrifft wieder mich verfertigen sol. Es ist diese Schrifft keine Auflösung der von der Academie gegebenen Aufgabe. Denn diese erfordert einen Beweiß von der Unmöglichkeit der Monaden: Der Rabuliste aber hat bloß eine Wiederlegung deßen, was ich in meiner deutschen Metaphysick geschrieben, geben wolen. Gesetzt aber (: welches doch keiner, der die Sache verstehet, einräumen wird:) daß ich in derselben diese Materie unrichtig abgehandelt hätte; so folgte doch noch bey weitem nicht, daß die Lehre von den Monaden unrichtig wäre, und gebührete deswegen, dem Verfasser der Schmähschrifft wieder mich kein praemium, als welches nicht dem versprochen worden, der meine deutsche Metaphysick wiederlegen würde. Ich habe in der Ontologie, Cosmologie, Psychologie rationali und dem anderen Theile der Theologiae naturalis[2]) diese Materie viel weiter ausgeführt, und dem ersten Theile der Physick, wenn mir Gott Leben und Gesundheit verleihet, vorbehalten zu zeigen, wie die phaenomena generalia mundi sensibilis in denen simplicibus gegründet, welche ich part. 2. Theol. nat. aus dem Wesen und der Natur Gottes völlig a priori hergeleitet. Allein der gute Rabuliste hat diese Schrifften wohl

---

[1]) Daran mag wohl vor allem die Stellung der Universität Tübingen schuld gewesen sein; cf. Bilfingers Schicksale!

[2]) Cf. auch Horae subs. Marb. „De notione corporis" und „De differentia notionum metaphysicarum et mathematicarum."

nicht gelesen, viel weniger verstanden, gleichwie H. Euler gleichfalls dieselben niemahlen gelesen. Er nimmet an, daß dasjenige, was wir vermittelst der Sinne von den Cörpern erkennen, realitäten und keine phaenomena sind, die in etwas anders ihren Grund haben. Und aus diesem streitigen supposito fließen seine absurda, die er dem H. von Leibnitz und mir imputiren wil. Er weiß nicht, daß der H. Leibnitz, in seiner Jugend des Gassendi hypothesin gleichfals vertheidiget, in seinem Büchlein de theoria motus concreti, von welchem er nach diesem schreibet[1]): olim mihi iuveni excidit libellus, nach diesem aber, alß er die Sache viel reiflicher erwogen, dieselbe fahren laßen, folglich keine Faulheit daran schuld gewesen, daß er auf die Monaden gefallen. Er bedencket auch nicht, was vor Wiedersprüche und unauflösliche Knoten daraus erfolgen, wenn man den geometrischen Begriff von dem Cörper, dem Raume und der Bewegung vor Realitäten annimmet, wie aus demjenigen zu ersehen, das von der divisione Continui, tanquam labyrintho philosophorum und von der causa und communicatione motus geschrieben worden. Und diese haben schon vor uhralten Zeiten verschiedene Weltweisen bewogen, auf die monades als phaenomenorum fontes zu fallen. Der Rabuliste aber macht es nach Art der Advocaten, die alles unter einander verwirren, wenn sie eine schlimme Sache haben, um den Richter zu einem falschen Spruche zu verleiten."

Manteuffel kündigt Formey am 27. Juni 1747 „une récension preliminaire dans un de nos journaux" an (III 188). Voll Spott fügt er hinzu: „Les pauvres Monades ne pouvoient manquer de perdre leur procès, dèsqu'elles étoient abandonnées à la discretion, ou; pour mieux dire; à la pluralité des individus, qui ont décidés de leur sort. La partie est trop inégale, dèsqu'elle est de 2. contre 5. Elles pourront cependant s'en consoler, sans beaucoup de peines. L'arrét, qui les a condamnées, eut-il été fulminé par un Monarque universel; n'est pas sans appel, et la Verité lésée trouvera mille moyens pour un, de triompher de tous ces rabulistes, qui cherchent l'opprimer en vos cantons."

Formey erwidert am 1. Juli 1747 (III 190): „Je ne savois point que notre destructeur des Monades eut prévenu l'impression ordinaire

---

[1]) Act. Er. 1695, S. 151.

des Pieces de l'Academie en publia[n][1])t separément la sienne. Je pense qu'il n'aura fait que hater par là la conviction de son insuffisance. Je crois que Votre Excellence aura remarqué aussi bien que moi, qu'il y a dans l'Écrit de Mr. Justi des endroits qui paroissent destinés à réfuter Spécialement le mien, par exemple, tout ce qu'il dit pour justifier que le Geometre est en droit de se mêler de la Metaphysique, et qu'il ne soit point de ses bornes en le faisant. Mais tout cela ne me fera pas rompre le silence, et je laisse le champ de bataille à ceux qui voudront l'occuper."

Beachtenswert ist auch folgender Brief Wolffs, dessen Datum nicht deutlich zu lesen ist (III 192): „Es ist von den Engelländern nichts einfältiger, als daß sie eine Philosophiam Newtonianam haben wollen, da es auf einige wenige Puncte in der Physick ankommet, dagegen noch vieles zu erinnern. Unterdeßen weil die Engelländer von niemanden etwas halten, als der mit ihnen in ein Horn bläset, und die Newtonische Philosophie über alles erhebet; so finden sich auch einige unter den Frantzosen, die diese kurtze Philosophie lieben, und alles andere verachten. Und unter diese gehört auch H. Maupertuis. Und da die Engelländer bisher H. Eulern nicht aestimieren wollen, wie er auch wohl in seiner Art verdienet hätte, sondern vielmehr verachtet; so wil er auch nun ihnen flattiren, um ihre Gunst zu erwerben, und die andern bey der Academie in Berlin, die sich in der Philosophie nicht weit verstiegen, vermeinen auch, es sollten ihre zum Theil sehr magere und elende Sachen in ihrer Histoire in Engelland in Ansehung kommen, wenn sie ihren Abgott verehreten und den H. v. Leibnitz verachteten. Ich wollte dieses alles mit gleichgiltigen Augen ansehen, wenn H. Maupertuis nicht in großem Ansehen an hohem Orte stünde, und mir zum Nachtheil wiedrige Urtheile insinuiren könnte."

Manteuffel am 4. Juli 1747 an Wolff (III 194 f.): „Bienque j'approuve fort, que vous ne preniez aucune parte directe à la guerre, qu'on fait à berl. aux Monades; il me semble cependant très necessaire, que vos amis prennent la defense de la Verité, en rabatant le caquet à ceux qui les attaquent. Ce seroit trahir la verité, que d'y

---

[1]) zu ergänzen!

manquer. Je ne doute pas, que Mess. Stiebriz et Koerber ne tirent l'épée, pour les soutenir, après avoir déja si bien combatu pour elles. Mais comme ils craindront peutétre pareillement, de déployer toutes leurs forces contre un ennemi, soutenu par le redoutable Maupertuis, je vous donne à juger, s'il ne conviendroit pas, que vous me fournissiez confidemment les argumens, que vous croiez le plus terrassans, pour confondre les Antimonadiers. Je trouverois alors plus d'un Alethophile ici [nämlich in Leipzig], qui auront moins de raison, que vous autres, de redouter les coups fourez des terribles Géométres de berl."

Am 7. Juli berichtet Wolff (III 200): „Herr Prof. Stiebritz hat über sich genommen, eine kurtze Wiederlegung der mit dem Preiß gekrönten Sangerhausischen Charteque zu verfertigen, darinnen er die Unrichtigkeit seiner Schlüße zeigen wil. Es wird aber nicht wohl angehen, daß sie hier gedruckt wird, und daher habe vermeinet, es würde am besten seyn, wenn sie in die Continuatio derjenigen Monatsschrifft eingerücket würde, wo jene stehet: welches Euer HochReichsgräfl. Excellenz leicht bewerckstelligen könnten.

Manteuffel am 8. Juli 1747 (III 205): „Quant à la réponse, que votre Prof. Stiebriz va faire à la piéce victorieuse de Sangerhausen, il n'y aura pas moyen de la faire inserer dans le journal, qui contient celle-ci, puisque c'est l'Avocat Antimonadier, lui-méme, qui fait imprimer ici le dit journal. Mais, qu'à cela ne tienne; vous n'avez, qu'à m'envoier la réponse ou refutation, quand elle sera préte. Non seulement, je trouverai moyen de la faire imprimer à part; mais j'en ferai inserer aussi un extrait dans notre gasette litteraire, et en deux autres bons journaux."

Am 14. August 1747 findet sich folgende kurze Notiz Manteuffels (III 237): „En attendant, j'auroi soin de faire imprimer la tres bonne brochure du Prof. St., sans qu'on sache, qu'il en est l'auteur."

Wolff am 13. August 1747 (III 240): „.... möchte er (Stiebritz) gerne, daß sein Nahme verschwiegen bliebe, weil man sich nicht gerne Feinde in Berlin machet, insonderheit wenn man sein Glück daselbst noch erst suchen sol .... (III 242) wil nur noch dieses beyfügen, ob nicht Hochdieselben vor gut befinden, daß einige exemplaria von der Stiebritzischen Wiederlegung an den H. Formey schicken, damit sie bey der Societät bald bekandt wird. Denn es düncket mich, es wäre nicht undienlich, wenn dieses geschehen könnte, ehe sie die Schrifft des Advocaten publizierte: vielleicht machte insonderheit die Vorrede einiges Nachdencken bey Ihnen."

Auf diese Frage antwortet Manteuffel am 18. August 1747 (III 244): „Son Apologie des Monades sera imprimée ici, sans en nommer l'Auteur."

Manteuffel am 20. August 1747 (III 245): „Tous ceux, à qui j'ai fait lire l'écrit du prof. St.; et nommément Mess. Jœcher, Gottsched, May et Bel, tous juges competens, le trouvent parfaitement bien raisonné et s'en promettent de bons effets."

Die Stiebritzische Schrift heißt: „Prüfung einer in den Ergetzungen der vernünftigen Seele ohnlängst an das Licht gestellten Schrift wider die einfachen Dinge, Leipzig 1747." Nachdem Stiebritz einleitend die Motive der Theorie von den einfachen Dingen entwickelt hat, bespricht er nacheinander das Problem der (endlichen oder unendlichen) Zahl der einfachen Dinge, den Schluß von den zusammengesetzten Dingen auf die Existenz einfacher, das Verhältnis der einfachen Dinge zum Raum, die Entstehung der Körper aus den einfachen Dingen und schließlich die Alternative: bewegende Kraft oder „leidende Natur". Die Gedankenentwicklung der Justischen Preisschrift wird hier vielfach bis in alle Einzelheiten nachgeprüft. Dabei gestaltet sich die Polemik nicht selten zu einem Streite um Worte. Wolff wird sehr häufig zitiert und auf der ganzen Linie verteidigt. Justi selbst hat dieser Schrift ganz besondere Bedeutung beigelegt. Er sagt von Stiebritz: „Er hat den Verstand meiner Worte wohl gefasset, und seine Einwürfe treffen allemahl den rechten Punct, vorwider sie gerichtet seyn müssen." Mit St. als seinem Hauptgegner setzt er sich denn auch ganz besonders auseinander (cf. Justis Schrift: J. H. G. Justi zeigt in dieser Schrift die Nichtigkeit aller Einwürfe und unhöflichen Anfälle, welche wider seine Untersuchung der Lehre von den Monaden und einfachen Dingen zum Vorschein gekommen sind und leget denen Unpartheyischen den Ungrund der Monaden und einfachen Dinge ferner weit klar vor Augen, Franckfurt und Leipzig 1748, S. 29, 33 etc.).

Wolff am 15. Juli 1747 (III 208): „Böldicke[1]) ist eben so ein Mann wie Justi. Es sind Anfänger, die erst etwas rechtes lernen sollen; allein so wollen sie den Meister spielen. Die Academie in Berlin läßet des Justi Schmiererey ins Frantzösische übersetzen, damit es in beyden Sprachen zugleich gedruckt wird; Herr Maupertuis hat an mich geschrieben und mir versichert, daß man ändern, oder gar ausstreichen sollte, was mich touchiren könnte. Und wenn ich dergleichen in der Leipziger Edition findete, sollte ich ihm nur anzeigen, was meiner Person anstößig wäre, so sollte ein Avertissement dabey gedruckt werden, damit ich content seyn werde. Ich weiß aber selbst noch nicht, was ich thun wil. Wenn Eure HochReichsgräfl. Excellenz mir dero Meinung hiervon schreiben wollen, wird es mir immer höchst angenehm seyn."

Noch am gleichen Tage antwortet Manteuffel (III 210 f.): „Vous avez raison de mettre Justi et Bœldicke dans la même classe, par rapport à leurs progrès dans la Philosophie. Vous auriez hardiment pû leur associer encore notre Crusius . . . . Si vous voulez m'en croire, Vous Vous defierez de la politesse, avec laquelle Maupertuis Vous a offert de faire changer, ou effacer, tout ce que Vous trouveriez de choquant dans la piece Antimonadiere de Justi: L'on publieroit sûrement, tot ou tard, que n'aiant pas été en état de refuter solidemment tel et tel endroit, Vous aviez prié la Societé, de l'effacer ou de le changer, et que la Societé avoit eu la complaisance d'y deferer, en faveur de Votre credit dans la Republique des lettres. à Votre place, je repondrois poliment à Maupertuis; en le remerciant de ses offres obligeans; „que je laissois une liberté entiere à quiconque pense autrement que moi; que je crois m'étre suffisamment expliqué dans mes écrits, sur les endroits contestez; et qu', en tout cas, ce seroit à la Postérité à juger, qui de deux auroit en raison, ou de moi, ou de ceux, qui épousent des sentimens differens, ou contraires ou miens etc. Voilà, sauf correction, ce que je repliquerois à Maupertuis, si j'étois; je le repéte; à Votre place, et je laisserois faire mes amis et ceux de la verité, sans m'en méler directement."

---

[1]) Bekannt durch den Streit um die Theodizee.

Nachdem inzwischen von Wolff keine Antwort erfolgt ist, fragt Manteuffel am 24. Juli 1747 nochmals an, wie er sich zu Maupertuis' Vorschlage zu stellen gedenke (III 225).

Darauf antwortet Wolff am 27. Juli 1747 (III 229): „Daß Euer HochReichsgräfl. Excellenz Rath in Beantwortung des Schreibens von Mr. Maupertuis gefolget, habe neulich zu berichten vergeßen. Ich habe ihm geschrieben[1]), daß ich verlangte, es sollte seine Piece gedruckt werden, wie er (Justi) sie eingeschickt, da er sie schon so hätte von sich drucken laßen."

Am 14. August 1747 schickt Manteuffel le dernier journal du Prof. Gottsch. an Wolff (III 237): „où vous trouverez, p. 87. et suiv. une petite reflexion, sur l'écrit de l'Avocat Justi, qui ne vous déplaira pas . . . . Il y a en Silesie un Gentilhomme; nommé Mr. de Spehr, Seigneur de Johnsdorff; qui a écrit une lettre à l'avocat Justi, où il defend votre cause, et celle des étres simples, avec toute la force et vivacité possibles. Je ne l'ai pas vue, mais d'autres m'assûrent, qu'elle est telle, qu'il est à croire, que Justi sera très embarassé d'y répondre, et qu'il tachera de la supprimer."

Die petite reflexion findet sich in der Julinummer von Gottscheds Büchersaal p. 87 ff., ist zum Teil wörtlich aus Wolffs Brief vom 23. Juni geschöpft und lautet: „Was die neulich mit einem Preiße bekrönte Schrift anbetrift, so muß man ihr billig gewisse Vorzüge, der Anmuth und Lebhaftigkeit zugestehen; nachdem man sie in den beliebten Ergetzungen der vernünftigen Seele zu lesen bekommen hat. Allein ohne der Ehre des Herrn Verfassers zu nahe zu treten: so wird sie den wahren Kennern der Monaden und einfachen Substanzen, wohl schwerlich ein Gnüge gethan haben. Es scheint auch die rechte Aufgabe der berlinischen Akademie, nämlich die Unmöglichkeit der Monaden zu beweisen, noch nicht darinn erfüllet zu seyn. Man liest hier nur eine Wiederlegung dessen, was Herr Baron von Wolf in seiner Deutschen Metaphysik geschrieben. Gesetzt nun, daß er darinn vollkommen glücklich gewesen wäre, welches doch ihrer viele noch nicht glauben wollen: so folgt doch

---

[1]) Dieser Brief steht bei Le Sueur S. 433 ff. und ist Wolffs Schreiben vom 23. Juni 1747 sehr ähnlich.

daraus noch nicht, daß die Lehre von den Monaden unrichtig sey; als auf welchen Beweis die Belohnung eigentlich gesetzet worden. Der Herr Baron von Wolf hat nämlich in seiner lateinis. Ontologie, Cosmologie, Psychologie, und in der natürl. Theologie II Theil, diese Materie viel weiter ausgeführet; sich auch noch vorbehalten, in dem I Theile seiner lateinis. Physik zu zeigen, wie die allgemeinsten Erscheinungen der sichtbaren Welt, in den einfachen Substanzen gegründet sind, die er P. II. Theol. Nat. aus dem Wesen und der Natur Gottes hergeleitet hat. Ein jeder Leser dieser Schrift kann also leicht denken, wie gründlich man Herrn Wolfs Meynung widerlegt haben wird, ohne dieses alles gelesen und erwogen zu haben. Man nimmt hier nämlich gratis, d. i. unerwiesen an, daß alles, was wir sinnlich von den Körpern erkennen, lauter Realitäten, und keine phaenomena sind, die in etwas anderem ihren Grund haben. Aus dieser streitigen Voraussetzung aber fließen alle die Ungereimtheiten, die man dem Herrn von Leibnitz und Herrn von Wolf Schuld giebt. Hätte man aber erwogen, daß der erste in seiner Jugend auch in der Theoria motus Concreti, die atomistische Lehre des Gassendus behauptet; nach diesem aber, bey besserer Einsicht, wieder fahren lassen: so würde man ihm keine Faulheit Schuld gegeben haben, die ihn auf die Monaden geführet haben soll. Man scheint auch noch nicht eingesehen zu haben, was für Widersprüche, und unauflösliche Knoten, aus dem geometrischen Begriffe der Körper, des Raumes, und der Bewegung, wenn man sie für Realitäten annimmt, fließen. Man sehe nur, was Herr von Wolf von der divisione continui, tanquam labyrintho Philosophorum und von der causa und communicatione motus geschrieben: so wird man eines bessern überzeuget werden. Man ist indessen begierig die ganze Sammlung zu sehen."

In den Ergötzungen vom August 1747 (S. 128 f.) berichtet Justi: „Es hat uns der Herr in Schlesien, der zeither unter der Unterschrift Anonymus unsere Monatschrift mit vielen Beyträgen beehret hat, gleichfalls wider unsere Abhandlung von den Monaden bereits Einwürfe eingesandt," die aber in der Hitze geschrieben, wissenschaftlich wertlos und daher der Aufnahme nicht wert sind. Will er doch die einfachen Dinge auch damit retten, daß sie gar wohl Teile von den zusammengesetzten sein könnten. Ja er glaubt sogar, daß ein einfaches Ding für sich einen Raum erfüllen könne.

Wolff am 20. August 1747 (III 247): „Was der H. Prof. Gottsched in sein Journal drucken laßen, hat mir sehr wohl gefallen, denn es kan das Vorurtheil vor die Academie der Wißenschafften nicht beßer un(?)partheyischen[1]) und unverständigen benommen werden."

Am 23. August 1747 berichtet Manteuffel (III 249): „Elle (la piece de Mr. St.) paroitra .... en 2. ou 3. semaines. Celle du Gentilhomme Silesien n'est plus ici. Justi, à qui l'Auteur l'a adressée à droiture, l'avoit envoiée à Breitkopf, pour la mettre dans ses Ergötzungen conjointement avec des remarques refutatoires. Mais il lui a tout redemandé, peu de jours après, et le libraire le lui a d'abord renvoié, sans en avoir pu garder copie."

Am 25. August 1747 bringt Manteuffel folgende überraschende Mitteilung (III 253): „Vous ne devineriez jamais la raison, qui me met aujourd'hui la plume à la main. Je fus très surpris de recevoir, ce matin, la lettre cy-jointe de l'Avocat Justi. Voiant qu'il scroit fort tenté, de se frotter à vous-méme, et ne trouvant pas, qu'il puisse vous convenir, d'entrer en lice contre ce rabuliste, je viens de projetter, à la háte, la reponse, que j'ai été tenté de lui faire des demain-matin. Mais m'etant souvenu, que vous pourriez y trouver à redire; je prens la partie, de vous en envoier auparavant le projet, vous priant d'y corriger, changer ou ajouter librement, à la marge, tout ce qui bon vous semblera. Je lui manderai absolument tout ce que vous trouverez bon."

Und nun Justis Brief. Er ist vom 24. August 1747 datiert und lautet (III 258 f.): „Hochgebohrner Reichsgraf! Gnädiger Herr! Dasjenige, was Ew. HochReichsgräfl. Excellentz in dem preißwürdigen Laufe dero Lebens vor die Aufnahme der Gelehrsamkeit auf eine so würdige und erhabene Arth geleistet haben, ist allen Gelehrten so bekand und verehrungswürdig, daß ich über das Unterfangen meiner gegenwärthigen unterthänigen Zuschrift keiner Entschuldigung nöthig

---

[1]) Vielleicht soll es heißen: sowohl den verständigen und unparteiischen [die ja auch ein Vorurteil für die Akad. haben könnten!] als auch den unverständigen und parteiischen.

habe. Es ist nunmehr an dem, daß die Monaden und einfachen Dinge, welche seit ihrer Erfindung beständig ihre Gegner gefunden, ernstlicher bestritten werden; und ohngeachtet ich sonst zu nichts weniger als zu dergleichen Streitigkeiten neige: so bin ich doch durch den gütigen Ausspruch der Königl. Academie zu Berlin, welche meiner Schrift wieder die Monaden den Preiß zugetheilet hat, unvermuthet in diesen Streit als ein Haupttheil eingeflochten worden. Gleichwie ich nun bald anfangs vermuthen konte, daß sich wieder meine Schrift ein Haufen Gegner finden würden: so habe ich nichts mehr gewünschet, als daß dieser Streit gründlich, ordentlich und bescheiden geführet werden möchte. Da ich nun bereits in dem neüesten Stück des Büchersaals eine Arth der Wiederlegung finde, die, wie man mich versichert, von dem Freyherrn von Wolff selbst herrühret; so nehme ich daher Gelegenheit zu versuchen, ob die Sache in diesen ordentlichen Weg eingeleitet werden könte. Ich habe demnach meine Gegenerinnerung und Erklährung an den HErrn Profeßor Gottsched eingesendet, um solche gleichfalls in den Büchersaal einrücken zu laßen: und da mir bekand ist, wie viel Ew. Hoch-Reichsgräfl. Excellentz über dem Freyherrn von Wolff vermögen: so gebe ich mir die Ehre deroselben gleichfalls eine Abschrift hiervon gehorsamst zu übersenden. Ew. Hoch-Reichsgräfl. Excellentz erleuchteten Einsicht habe ich nicht nöthig den Nutzen abzuschildern, den ein ordentlicher und gründlicher Streit vor die Aufnahme der Gelehrsamkeit hat: und ich bin versichert, daß dieses der wichtigste Bewegungs[grund][1]) vor dero ruhmwürdigen Handlungen ist. Eine Einleitung der Sache auf diesen Weg und eine Vermittelung von dieser Arth wird auch denen bereits verewigten Bemühungen Ew: HochReichsgräfl. Excellentz in den Augen der Nachwelt einen neüen Glanz geben. Ich lege zugleich vor Ew. HochReichsgräfl. Excellentz die gehorsamste Versicherung nieder, daß ich diesen Streit von meiner Seite mit aller möglichen Anständigkeit und Bescheidenheit führen werde. Ich suche überhaupt nichts als die Wahrheit: und sobald ich Wahrheit und Überzeugung finde; so will ich der eifrigste seyn der die Monaden und Elemente der Körper zu befestigen suchen wird. Bey dieser reinen Gesinnung habe ich die

---

[1]) Zu ergänzen.

gehorsamste Hoffnung, daß ich mich zu Ew. HochReichsgräfl. Excellentz gnädigen Gewogenheit empfehlen darf." (Unterschrift.)

Justis eingesandte Erklärung lautet (III 260 ff.): „Das erste Stück des Fünften Bandes des neuen Büchersaals der schönen Wißenschaften und freyen Künste enthält auf der 88. u. f. S. eine Arth der Recension und Wiederlegung meiner Schrift von den Monaden in sich, welcher die Königl. Academie zu Berlin den Preiß auf das jetzt laufende Jahr zu getheilet hat. Man hat mich versichern wollen, daß diese Erinnerungen nicht von dem H. Prof. Gottsched, als dem Verfaßer dieser angenehmen und nützlichen Monath-Schrift, sondern von dem Freyherrn von Wolff unmittelbahr selbst herrühren. Dem sey aber wie ihm wolle: so verspreche ich mir von der bekannten Billigkeit des HErrn Verfaßers, daß er auch dieser meiner bescheidenen Antwort einen Platz in seiner Monathschrifft nicht versagen werde. Man glaubt zu erst, daß durch meine Schrift der Aufgabe der Berlinischen Academie noch keine Gnüge geschehen, nämlich daß die Unmöglichkeit der Monaden noch nicht bewiesen sey. Allein, wenn man zeigt, daß der eintzige Satz, worauf sich die Monaden gründen, nämlich: wo zusammengesetzte Dinge sind, da müßen auch einfache Dinge seyn, falsch ist; wenn man beweiset, daß es einen offenbahren Wiederspruch in sich faßet, wenn aus einfachen Dingen zusammengesetzte entstehen sollen, so werden mir unpartheyische Gelehrte willig einräumen, daß ich die Unmöglichkeit der Monaden bewiesen habe. Denn was wiedersprechend ist, daß ist unmöglich. Mehr hatte auch die Königl. Academie nicht verlanget. Da ich die Monaden wiederlegen wolle, so hatte ich nach den ausdrücklichen Worten der Aufgabe nichts mehr zu thun als die Lehre von den Monaden auf eine gründliche und deutliche Art vorzutragen und zu untersuchen, ob die Monaden gründlich wiederlegt und durch Sätze, die keiner Beantwortung bedürfen, vernichtet werden können. Unpartheyische aber werden erkennen, daß Sätze, wodurch man allenthalben den Wiederspruch zeiget, von dieser Arth sind. Es trägt zur Sache nicht das geringste bey, daß ich die übrigen Stellen in des Freyherrn von Wolffs Schriften, wo er die Materie von den einfachen Dingen weiter ausführet, nicht gleichfalls wiederleget habe: wenn der Grund hinweg fällt, wenn die Sache wiedersprechend und unmöglich ist: so können alle Anwendungen und weitere Ausführungen dieser Lehre nicht das mindeste helfen. Diese bedürfen alsdenn keiner Wiederlegung, sondern fallen zugleich mit der Sache selbst hinweg. Räumet mir also der Freyherr von Wolff nur ein, daß ich in wiederlegung seiner Metaphysick glücklich gewesen bin: worinnen ohnstreitig der Grund von dieser Lehre enthalten ist: so getraue ich mir den Beyfall aller Gelehrten zu erhalten, daß die p. 89 genanten Schriften keiner Wiederlegung bedürfen. Diese als das aufgeführte Gebäude fallen mit dem Grunde selbst über den Haufen. Man urtheilet aber wohl ein wenig zu eilig, wenn man glaubt, daß ich diese übrige Schriften nicht gelesen und erwogen hätte. In meinem ersten Aufsätzen und Aufzeichnungen, die ich bey Verfertigung dieser Schrift machte, und die ich noch iederman vorzeigen kan, sind die Wiederlegungen sowohl wieder die Metaphysick als wieder die übrigen Schriften des Freyherrn von Wolff vermischt untereinander enthalten. Ich war nämlich Willens noch eine dritte Abtheilung in meiner Schrift zu machen und darinnen zu zeigen, daß die Lehre von den Monaden zu Erklährung der natürlichen Begebenheiten und Erscheinungen nicht hinreichend sey. Dieser Vorsatz bestand noch als ich meine Schrift bereits ins reine zu schreiben angefangen hatte. Wenn man das zur Königl. Academie sowohl als das in die Breitkopfische Druckerey eingesendete Exemplar ansiehet: so wird man finden, daß ich es hernach in beyden an derjenigen Stelle des Eingangs geändert und ausgestrichen habe, wo ich die Abtheilung der Schrift erzehle. Ich fand nämlich, daß diese dritte Abtheilung eben so stark anwachßen würde, als die gantze Schrift, wie sie ietzo ist: und es deuchte mir nicht, daß aus einer Schrift von dieser Arth ein gantzer Tractat werden müßte. Die Zeit war mir auch zu kurtz: und überhaupt fand ich es nicht vor nöthig. Denn wenn der Grund der Monaden wegfält, wenn sie wiedersprechend, und folglich nicht würcklich vorhanden sind: so folgt von selbst, daß sie zu Erklährung der natürl. Begebenheiten nichts beytragen können. Ich wünschte, daß man es nicht bloß gesagt, sondern gewiesen hätte, wo ich unerwiesen angenommen haben soll, daß alles was wir sinnlich an den Körpern erkennen, lauter Realitaeten und keine phaenomena sind. Ich habe in der gantzen Schrift nichts vorausgesetzt, weder erwiesen, noch unerwiesen, sondern ich habe nur das Falsche in den Schlüßen der Gegner gezeiget und ihre Wiedersprüche offenbahr gemacht. Vermuthlich verstehet man hierunter dasienige, womit ich die bewegende Krafft der Körper wiederlegt habe. Allein auch hier habe ich nichts im voraus angenommen, sondern bloß die Unzulänglichkeit der gegenseitigen Schlüße gewiesen, und aus ihren eigenen Lehrsätzen geschloßen. Die Wiedersprüche und unauflöslichen Knoten, welche daraus abfließen sollen, wenn man die gegenseitigen Begriffe nicht an nimmet, sind vorher gantz genau erwogen worden. Sie sind aber nur alsdenn vorhanden, wenn man andre Lehrsätze der Gegner beybehält, und das gantze Wolffische Lehr-Gebäude der Welt-Weißheit vor schlechter Dings gewiß und ausgemacht an nimmet. Eben so ist es mit demjenigen beschaffen, was der HErr Kanzler von der divisione continui geschrieben hat. Freylich, wenn er sie mit andern von seinen Lehrsätzen zusammenhält und dieselben vor unstreitig bewiesen ansiehet; so läßt sie sich mit denselben nicht zusammenreimen: und sie ist ein Labyrinth, aus dem man sich nicht heraushelfen kan. Dieses verliehrt sich aber, wenn sie mit einen andern Lehr-Gebäude zusammengehalten wird. Dem Freyherrn von Leibnitz hat man keiner Faulheit beschuldiget. Dasjenige, was § 73 meiner Schrifft gesagt ist, kan vor nichts als eine erlaubte und hier nöthige Zurückschiebung des Vorwurfs, des HErrn von Leibnitz angesehen werden, den der Freyherr von Wolff zu seinem eigenen gemacht hatte. Man ist zu nichts weniger geneigt als die Schrancken der Bescheidenheit zu überschreiten; und wenn nur die Gegner nicht den Anfang machen: so versichert man, daß sie sich über meine Schreibarth zu beschweren niemahls Ursache finden sollen. Überhaupt, da die Lehre von den Monaden in Teutschland eine herrschende Meynung ist, und es also gantz leicht zu vermuthen war, daß es, ohngeachtet des Ausspruchs der Academie, ohne fernere Streitigkeiten nicht abgehen würde; so habe ich gleich anfangs gewünschet, daß dieser Streit auf eine ordentliche, gründliche und bescheidene Arth geführet werden möchte. Diejenigen Schriften, welche seit einiger Zeit zur Vertheidigung der Monaden erschienen sind, wenn ich die sogenante Prüfung der Gedanken eines Ungenanten von den Elementen der Körper ausnehme, haben mir zu Erfüllung meines Wunsches keine Hoffnung an die Hand gegeben: und da gar kein Zweifel vorhanden ist, daß nicht ins Künftige zu Vertheidigung der Monaden eine Menge schlechter Helden aufstehen dürften, die mit vielen und öffters unbescheidenen Worten gar nichts sagen werden: so wünschte ich, daß es dem Freyherrn von Wolff gefallen möchte diesen Streit selbst zu führen oder zum wenigsten solches von einem Gelehrten, den er hiezu fähig hält, unter seiner Aufsicht bewerckstelligen zu laßen. Die gelehrte Welt würde den Vortheil haben, daß sie wüßte, worauf sie ihre Aufmercksamkeit richten sollte. Der HErr Kantzler und andere wahre Gelehrte der Gegenparthey werden nicht das Mießvergnügen haben: daß ihre Sache unter den Händen schlechter Vertheidiger verschlimmert wird: und ich werde den Vortheil haben zu wißen wem ich antworten und was ich vor wahre Vertheidigungen der Monaden erkennen soll. Überhaupt wird ein ordentlicher Streit dem Aufnehmen der Gelehrsamkeit ungleich mehr beförderlich seyn, als die kleinen blinden Ausfälle, die man hin und wieder befürchten muß. Viele vernünftige und große Gelehrten glauben ohne dem, daß sich der H. Kantzler der eigenen Vertheidigung seiner Sache nicht wohl entbrechen kan. Da die Königl. Preuß. Academie die Gütigkeit gehabt hat meiner Schrifft einigen Werth bey zu meßen: so stehen sie in den Gedancken, daß sich unpartheyische die Vermuthung nicht aufdringen laßen, daß die Geringfügigkeit dieser Schrifft keiner Antwort bedürfe; und wenn diese Vermuthung nicht vorhanden ist, so wollen sie einen ieden Gelehrten gewißermaßen vor verpflichtet ansehen, seine Sätze zu vertheidigen, läßt sich d. H. Kantzler diesen Vorschlag gefallen so bin ich auf sein Verlangen bereitwillig die dritte Abtheilung meiner Schrift vorher heraus zu geben und dasienige, was er noch zum voraus zu haben vermeinet gleichfals zu wiederlegen, ehe seine Vertheidigung erscheinet; und ich will entweder in dem Büchersaal oder auf eine beliebige Arth dero Erklährung darüber erwarten. Geschrieben zu Sangerhausen, den 20. August 1747."

Diese Erklärung wurde nicht in den Büchersaal aufgenommen. Iusti veröffentlichte sie selbst als „Anhang, welcher in dem Büchersaal d. sch. W. u. fr. K. hat eingerücket werden sollen" in seiner Vertheidigungsschrift (S. 202 ff), die den Titel führt: „J. H. G. Justi zeiget in dieser Schrift die Nichtigkeit aller Einwürfe und unhöflichen Anfälle, welche wider seine Untersuchung der Lehre von

den Monaden und einfachen Dingen zum Vorschein gekommen sind
etc Frankfurt und Leipzig 1748."

Der Entwurf der Antwort Manteuffels an Justi hat folgenden Wort-
laut (III 254): „Hochedler Hochgeehrter Herr Witthumsrath! Ew.
Hochedl. haben mir in Dero, unter gestrigem dato, an mich abgelaßenen
Zuschrift gar zu viel Ehre erwiesen, als daß ich Ihnen meine Er-
känntlichkeit dagegen zu bezeugen anstehen solte. Ich bin allerdings
ein großer Verehrer der wahren Gelehrsamkeit, und derjenigen, so
sich, etwas besonderes darum zu leisten; ohne Neben-Absichten,
mittelst einer gründl. und vernünftigen Überlegung; angelegen seyn
laßen: Ich muß aber gestehen, daß ich in den Metaphysischen Streitigkeiten, und sonderlich in der Lehre von den Monaden und einfachen
Dingen, wenig Einsicht besitze, folglich nicht sowohl ein Urtheil davon
zu fällen, als diejenigen in meinen Gedancken zu bewundern fähig
bin, die sich darinn zu vertiefen vermögend zu seyn glauben. Ich
kann immittelst Ms. geht (?) Rathe nicht verhalten, daß ich sie vor
übel berichtet halte, wenn sie die in dem Bücher-Saale enthaltene so
genannte Recension oder Wiederlegung ihrer Schrift von den Monaden,
dem Frhrrn von Wolff zuschreiben. Denn, ob ich gleich überzeuget
bin, daß er gegen den Inhalt derselben nichts einzuwenden haben
kann, so weiß ich doch gewiß, daß er über diese Materie sich mit
Niemand, weder directe noch indirecte, in den mindesten Streit einzulaßen, sondern einem jeden, nach eigenem Gefallen; es sey pro
oder contra; davon zu gedencken oder zu schreiben, freyzustellen
willens ist. Ich will dahero wohlmeinend angerathen haben, sich unter
ihren Gegnern; woran ihnen vermuthlich nicht fehlen wird; sonst
jemand auszulesen, gegen den sie ihre Stärke im philosophiren versuchen und von dem sie eine Beantwortung ihrer Gründe werden
erwarten können."

Wolff am 27. August 1747 (III 256 f): „Da BreitKopf den Brief
des Schlesischen von Adels mit Justi Antwort in sein eigen Journal
nicht einrücken wollen; so wird Herr Prof. Gottsched aus eben der
raison die hier wieder zurückekommende Piece zurücke senden können,
auf die leicht in ein paar Noten geantwortet werden könnte, ja noch
mit mehrer raison. Denn es schickt sich nicht allein nicht, daß man
ein Journal zum Theatro einer Controvers machen wil, darinnen die

Liebhaber deßelben gantz was anders suchen, sondern auch da dem
Autori deßelben gnung bekandt ist, daß falsa narrata darinnen enthalten und ein schlechtes Zutrauen zu dem Autore, als wenn er
nicht vor sich im stande wäre diese Sache einzusehen. Es ist eine
große Verwegenheit von ihm, daß er sich unterstanden an Euer
HochReichsgräfl. Excellenz zuschreiben, uud Hochdenenselben zuzu-
muthen, daß Sie mich zu Einlaßung in eine Controvers mit ihm
nöthigen sollen. Mit dem Project der Antwort . . . bin aber gar
wohl zufrieden. Ich werde auch mit niemanden in keine Controvers
mehr einlaßen, er sey auch, wer er wolle, denn ich habe noch anders
gnung zu thun, was nöthiger und nützlicher ist, und laße einem
jeden seine Meinung, gebe auch in meinen Schrifften niemanden zu
einem Streite Anlaß. Mir ist dabey wenig daran gelegen, ob einer
mit mir gleiche Gedancken hat, oder nicht. Es haben schon vor vielen
Jahren, wie ich noch in Marburg war, nicht allein viele Gelehrte,
sondern auch vornehme Liebhaber der Wißenschafften gerathen, wozu
ich schon vor mich den Entschluß gefaßet, daß ich mich mit niemanden in eine Controvers einlaßen, und an der Fortsetzung meiner
Arbeit sollte hindern laßen. Und diesen Vorsatz werde ich niemahlen
ändern. Daß die Academie der Wißenschafften zu Berlin des Justi
Schmierereyen approbiret und mit dem Preiße gekrönet, kan mich
nicht obligiren mich zu vertheidigen. Es ist bekandt genug, daß
nicht alle Glieder derselben von gleicher Meinung sind. Und wenn
sie auch alle ihn biß in Himmel erheben wollten, würde ich nichts
darnach fragen. Denn es ist bekandt gnung, daß ihre in den Memoires
enthaltene Materien bey rechten Kennern schlechten Beyfall finden.
Und der H. Maupertuis hat es selbst erkandt, indem er von mir verlanget, ich möchte einige Articul einschicken, weil sich hierinnen ein
großer Mangel befindet, und dadurch demselben abhelffen: wiewohl
ich nicht gerne wollte, daß dieses öffentlich bekandt gemacht würde,
ob ich gleich Euer HochReichsgräfl. Excellenz zu bedencken gebe,
daß ich mich an das Urtheil der Societät nicht zu kehren hätte,
indem die Meinung der Richter von den eingesandten Piecen so wenig
vor die Meinung der gantzen Academie könnte gehalten werden, als
die Academie zu Paris öffentlich declariret, man sollte nicht vor ihre
Meinung halten die Meinung deßen, der den Preis erhielte, und

überdieses diejenigen Mitglieder bekandt gnung wären, denen die Monaden noch nicht verhaßt wären gemacht worden. Als man ein-mahlen aussprengte, es sollten in Halle meine angefochtene Schrifften durch den Hencker verbrandt werden, schrieb mir der seel. Herr Cammer-President in Caßel, der Herr von Dallwigk, der mich so zärtlich liebte, als [n]immermehr ein Vater sein Kind lieben kan, ich hätte mich daran nichts zu kehren, wenn es auch geschähe, und sollte ich mich deswegen nicht irre machen laßen in meiner Arbeit fort-zufahren. Am allerwenigsten werde ich mich [durch] die Eulerischen Intriguen abhalten laßen von meinem Vorhaben, und zu einem Streite mit solchen Leuten einlaßen, die demselben nicht gewachsen sind, und nach dem gemeinen Sprüchworte cum stercore certiren. Hier studierende Landsleute des Advocats erzehlen nicht viel rühmliches von ihm, und stehet er an seinem Orte in gar schlechtem Renommé, kan aber auch wegen seiner Aufführung in keiner beßeren stehen. Er sucht auf alle Weise wegzukommen, wenn er nur wo seinen Auffenthalt finden könnte, und möchte gerne eine Profession auf Universitäten haben. Sonder Zweiffel vermeint er sich durch die Controvers mit mir bekandt zu machen, und sich dadurch den Weg dazu zu bahnen. ob aber dieses das Mittel dazu sey, wil ich andern zu beurtheilen anheim stellen. Da er Lust zu streiten gehabt, hätte er mögen ein Soldate bleiben, wie man sagt, daß er gewesen, so würde er vielleicht jetzt beßere Gelegenheit gefunden haben seine Tapferkeit mit dem Degen, als mit der Feder in gelehrten Kriegen zu zeigen, denn man siehet zur Genüge, daß er · in der gelehrten Welt noch ein novitius ist, und wenig weiß, was in alten und neueren Zeiten sich darinnen zugetragen. Wer etwas lernen wil, muß den Unterricht nicht mit Controvertiren erzwingen wollen; sondern die Nase in die Bücher stecken, daran es ihm aber wegen seiner Haus-Umstände wohl fehlen wird etc."

Manteuffel am 28. August 1747 (III 266): „Mes amis d'ici m'aiant fait remarquer, que, si je laissois ma réponse au rabuliste de Sangerh., telle que vous me l'avez renvoiée, il seroit homme à la faire imprimer dans ses Ergötzungen, ou à l'envoier à ses amis dans la Societé de berl.; ce qui me feroit passer pour une espéce de ses Antagonistes; j'en ai cassé tout le projet, et je viens d'y substituer une replique courte et seche, en françois, dont vous trouverez cy-joint une copie. Comme il se pique de bien posseder cette langue; quoiqu'il l'écrive comme un Ostrogoth; j'espere qu'il s'en servira en y rispostant, et qu'il me donnera par là une nouvelle occasion de le faire ridiculiser. Notre Prof. May m'etant venu voir, hier au soir, et m'aiant rapporté, entre autres nouvelles littéraires, que Breitkopf venoit de lui envoier le MSC. d'un nouveau tome des Ergötzungen de Justi, pour le censurer, comme de coutume, et qu'il y avoit trouvé la méme piéce, que vous m'avez envoiée, et où cet Avocat dit, que vous avez fourni l'Article de la recension de son écrit Antimonadier dans le Büchersaal: Mais que; sachant qu'il est faux, que vous aiez eut part au dit Article, il étoit tenté, d'enrager cet endroit, si je l'approuvois etc. Je repondis à Mr. May, qu'il auroit, grandissime raison, d'en user ainsi; puisqu'il étoit absolument faux, que vous fussiez l'Auteur de l'Article en question; et il me promit en me quitant, qu'il ne manqueroit pas, de tenir parole, dès ce matin, à quoi je suis persuadé, qu'il n'aura pas manqué. Vous pouvez compter que Justi ne sera pas long-tems à ignorer, que le jugement de l'Academie de B.; fut-elle unanimement d'accord là-dessus; ne vous fait, ni chaud ni froid etc. En effet, quoi de plus ridicule, que de commettre des questions métaphysiques à la decision arbitraire d'un corps Academique, fut-il composé des 7. sages de la Gréce? Aiant une parente à Sangerh.; c. à. d. à la cour de la Duch. d'Eisenac; je lui demanderai des nouvelles de l'histoire de Justi; et je suis sûr, qu'elle m'en donnera encore d'autres, que celles que vous m'en mandez. Déja, elle m'ecrivit derniérement, que, non obstant son prétendu savoir, il avoit un grand coup de hache."

In der neuen Fassung lautet Manteuffels Antwort an Justi folgender-maßen (III 268): „La lettre, que vous m'avez fait l'honneur de m'écrire, en m'adressant ce que vous avez dessein de faire imprimer contre Mr. le bar. de Wolff, est si flatteur pour moi, que je ne puis m'em-pecher de vous en témoigner ma reconnaissance. J'aime et j'honore naturellement la Verité, et les sciences, qui nous enseignent les moyens de la trouver, et j'estime infiniment tous ceux, qui s'y appli-quent sincerement. Je me fais méme un devoir, de contribuer tout ce qui dépend de moi, à seconder leurs intentions; lorsque je suis

convaincu de leur droiture, et de leur désinteressement. Mais vous
avez tort, Mr. de vous adresser à moi, pour induire Mr. le bar. de
Wolff à entrer en lice contre vous. Je sais de trop bonne part,
qu'il a fermement resolu, depuis bien des années, de ne se meler;
ni directement, ni indirectement; d'aucune controverse, et de laisser, à
quiconque trouve à redire à ses sentimens, une pleine liberté d'en
épouser de differens ou de contraires. Je suis même persuadé, que
celui ou ceux, qui vous ont fait accroire, que c'est le dit baron, qui
a fourni l'article du Büchersaal, auquel vous voulez répondre, vous
en ont donné à garder; bienque selon ses principes, il ne puisse
manquer, ce me semble, d'approuver tout ce qu'il contient; et je ne
doute pas, que vous ne trouveriez bientôt dix autres adversaires pour
un, s'il vous en faut un absolument, à qui vous puissiez vous frotter
directement. Voilà ce que j'ai cru devoir repliquer à votre lettre."

Wolff am 29. August 1747 (III 271): „. . . . H. D. Baumgarten,
welcher von freyen Stücken mir eröffnete, daß man in Berlin mit der
Academie der Wißenschafften Verfahren in puncto der Monaden gar
nicht zufrieden wäre, und man mich als ein älteres Mitglied als alle,
die jetzt nicht zugegen sind, nicht beßer zu menagiren suchte. Sie
hätten noch andere Schrifften wieder die Monaden gehabt, da sie
wieder dieselben sprechen wollen, und also nicht nöthig gehabt eine
bloß mir zum Nachtheil aufgesetzte Schrifft zu approbiren. Er hat
mich aber dabey zugleich benachrichtigt, daß die gantze Intriguen
von den Göttingern durch Eulern gemacht werden, und sonder Zweiffel
kommet auch von Ihnen, daß der Rabuliste sich zu mir nöthigen
sol. Verständige selbst in Berlin verargen es der Academie, daß sie
ein thema aufgegeben, welches soviel anderes praesupponiret, das erst
ausgemacht werden muß, ehe man sich daran wagen kan, wie H.
Prof. Gottsched auch gar wohl eingesehen. Der Advocat darf sich
nur an die Auflösung derselben machen, so wird er inne werden,
wenn sein Verstand soweit zureichet, ob er mit seinen atomistischen
principiis der Newtonianer auskommen kan. Von H. HoffR. Ellern
sagt man mir, daß er ein eifriger Newtonianer sey, der mit der
größten Hitze alles gleich verwirfft, was mit ihren elenden und, wieder
die Intention des H. Newtons, unrecht verstandenen principiis nicht
übereinkommet."

Am 30. August 1747 bestätigt Manteuffel Baumgartens Aussage (III 272): „Ce que Mr. Baumgarten vous a raconté de la conduite de la Societé de berl., par rapport à la guerre des monades, et touchant les sentimens de Mr. Eller, que je connois fort particulierement; me paroit très vrai. Notre prof. May a tenu parole. Il a rayé, dans l'écrit de Justi, tout l'endroit, où il étoit dit, que l'article du dernier Büchersaal, touchant les Anti-monadiers, étoit de votre crû. Il a méme fait dire à l'Imprimeur, qu'il l'avoit rayé, parceque c'étoit une fausseté."

Gleichfalls am 30. August 1747 schreibt Wolff (III 274 f.): „Da man siehet, daß Justi auf alle diese Weise sucht durch Anzapfung anderer bekandt zu werden, wenn er auch gleich wie Herostratus sich einen Nahmen machen sol; so haben die Herren in Leipzig, welche ihn kennen, Euer HochReichsgräfl. Excellenz nicht beßer rathen können, als den mir im Deutschen communicirten Brief nicht weg- zuschicken. Und ich bin sowohl Euer Excellenz, als dem H. Prof. Meye verbunden, daß er die falsche imputation, als wenn der Articul in dem bewußten Journal von mir käme, ausgestrichen und dero Rath gefolget. Der Advocat möchte erst etwas rechtes lernen, ehe er controvertiren wil, und durch Gründe, nicht durch Autorität solcher Leute, die an Verstand und Willen ihm gleich sind, seinen Sachen ein Gewicht zu geben. Verständige verargen es der Academie zu Berlin gar sehr, daß sie Fragen aufgiebet, die man nicht gründlich einsehen kan, wenn man nicht vorher durch andere den Weg dazu gebähnet. Ich bin ein Mitglied von der Societät in Berlin gewesen, ehe noch einer von den jetzigen eines zu werden gedencken können, und ohne daran zu dencken, in dieselbe aufgenommen worden zu der Zeit, da man Gründlichkeit und das decorum einer gelehrten Societät beßer zu observiren wußte; wie denn auch zu einem Mit- gliede der Academie zu Paris, da nur 8 Stellen vor auswärtige sind, erwehlet worden, ohne daß ich mich jemahlen um die Bekandtschafft derselben beworben, viel weniger eine Rechnung darauf gemacht etc . . . . Ich zweiffele nicht im geringsten, daß Euer HochReichsgräfl. Excellenz viel wunderliches von dem Sangerhausischen Advocat er- fahren werden, wenn Sie sich um particularia von ihm erkundigen werden, und daraus zur Gnüge ersehen, daß es kein anständiger

Gegner vor mich ist, wenn ich gleich no;h soviel Lust zu controvertiren hätte.   Es würden auch diejenigen, welche die Hetzerey angestellet hätten, sich sehr darüber freuen, wenn ihnen ihr Anschlag
so leicht gelingen könnte, als es ihm bey der Berlinischen Academie
gelungen.   Herr D. Baumgarten vermeinte, es sollte ein Auswärtiger
der Academie ihren Unfug zeigen, sowohl was ihre schlechte Beurtheilung der Beweisthümer, als ihre Aufführung in Ansehung ihrer
alten membrorum und ehemahligen Praesidis betrifft, der sich so sorg-
fältig angelegen seyn laßen die Societät zustande zu bringen, als auch
zu verhütten, daß von ihr nichts nachtheiliges begangen worden, da
der erste Theil der [von der Akad. herausgegebenen] Miscellaneorum
Berolinensium herauskommen, ohne mit dem Advocaten Justi sich
einlaßen, an dem wenig Ehre zu erjagen.   Vielleicht gibt sich Gelegenheit dazu von selbsten an, wenn einige herauskommende Wiederlegungen recensiret werden, da solches auf eine gute Manier per indirectum geschehen kan, oder bringet auch der Advocat einen von
selbsten auf die Gedanken, wenn er allzusehr auf die autorität der
Academie pochet, wie es zur Gnüge scheinet daß er thun wird, da
er schon vorgiebet, als wenn er von derselben zur Haupt-Person in
dieser Controvers sey gemacht worden, die man mit ihm auszuführen
habe.   Herr Maupertius verstehet weder die Sache, noch kennet den
statum rei literariae in Deutschland, und also läßet er sich leicht
etwas vorschwatzen, wie er denn den H. Euler entschuldigen wil,
daß er mit seiner Schrifft bloß zeigen wollen, wie man die Frage
tractiren müße, und nichts vorgebracht, als was er schon in der
Histoire de l'Academie und in seinen opusculis gesagt: wie kahl aber
diese Entschuldigung ist, die er sich von ihm weiß machen laßen,
um seine Intriguen zu verbergen, kann ein jeder leicht sehen." Ein
P. S. vom nächsten Tag enthält die Antwort auf Manteuffels Brief
vom 30. August (III 267): „Der Advocat Justi wird nicht wohl zufrieden seyn, daß ihm in der Censur die falsche Imputation ausgestrichen worden, als wenn der Articul wieder ihn in dem Bücher-
Saale von mir wäre eingeschickt worden: Denn er vermeinet mich
zu nöthigen, mich mit ihm in einen Streit einzulaßen, welches doch
nimmermehr geschen wird.   Gestern Abend gantz späte hat man mir
H. M. K. Wiederlegung des Justi [genauer Titel der mir leider nicht

zugänglichen Schrift: Körber, Vertheidigung der Leibnizischen Monaden und einfachen Dinge] zugeschickt, die ich also noch nicht durchblättern können. Im Durchblättern habe wahrgenommen, daß er eben nicht höflich mit ihm verfähret: allein ich glaube, ein solcher Gegner, wie dieser Advocat ist, der bey seiner groben Unwißenheit Hochmuth besitzet und andern Hohn spricht, und die anderen im Schreiben berührten Umstände, verdiene nicht beßer tractiret zu werden, nach der Lehre Salomons: Antworte dem Narren nach seiner Narreheit, damit er sich nicht klug düncke. Vielleicht ist es auch deswegen nöthig, da man auf den Sack schlagen sol, und den Esel meinen."

Am 15. September schreibt Manteuffel bezüglich der ihm zur Nachkorrektur vorgelegten Schrift des Prof. Stiebritz an Wolff (III 286): „Il y a, sur-tout, un endroit, p. 20. lin. 6., où je ne trouve pas du sens, à moins que l'on ne mette le mot de Sinn, au lieu de celui de Seyn. Je l'aurois méme fait corriger dans ce sens-là, si j'étois tout à fait sûr de mon fait, on que j'eusse voulu interrompre l'imprimeur, en lui faisant demander le M. S. C. Mais enfin, que Mr. St. corrige lui-méme, s'il lui pl., toutes ces fautes afinque je les puisse faire redresser par une feuille d'errata."

Wolff am 17. September 1747 (III 288): „. . . habe die beyden abgedruckte Bogen an den H. Prof. St. gleich überschickt um die verlangte correction zu besorgen: welches er auch zu thun versprochen."

Am 18. September 1747 äußert sich Wolff wieder ausführlich (III 290 f.): „Euer HochReichsgräfl. Excellenz erhalten hierbey die zwey Bogen der Prüfung der Justischen Schrifft wieder die einfachen Dinge . . . . Herr Prof. Stiebritz hat vor einigen Tagen die Disputation des H. Prof. Ludovici wieder die Monaden in die Hände bekommen, und gefunden, daß diejenigen Einwürffe, die noch einigen Schein haben können, aus derselben genommen werden, und also ihm nichts übrig bleibet als die wieder alle Vernunfft lauffende Schlüße, wodurch er Wiedersprüche zeigen wollen. Und ich glaube sicherlich, er habe auch diese aus des liederlichen Müllers Antimonadischen Schrift genommen, der aus Boßheit dergleichen Verkehrungen erdichtete, und bedaure nur, daß ich dieselbe nicht finden kan. Vielleicht aber giebt es Gelegenheit, daß ihm solches bey anderer Gelegenheit unter die Nase gerücket werde, daß er mit fremden Federn, damit er sich schmücket, so groß thun wil. Er zeiget aber auch an, wie wenig diejenigen, welche in der Academie sich zu Richtern aufgeworffen, in der Geschichte der Gelehrten erfahren seyn müßen, daß sie sich aufgewärmten Kohl vor ein frisches Gemüse aufdringen laßen, und nicht vorher dagegen gehalten, was schon vor diesem von mehr als einem geantwortet worden, ehe sie ein Urtheil abfaßen wollen. Man findet hier überall Gelegenheit auf den Sack zu schlagen, indem der Esel gemeinet ist."

Manteuffel am 19. September 1747 (III 292): „J'ai d'ailleurs fait chercher la dissertation de Ludovici, et le traité de Muller, pour les donner au Prof. Bel, qui est chargé de faire la recension de l'écrit de Justi et de ceux de Mess. K. et St. dans notre gasette litteraire de la semaine qui vient; et j'aurai soins, qu'il en fasse mention dans le sens, que vous m'indiquez dans votre lettre, afin que les ânes se ressentent; comme vous le souhaitez; des coups, qu'il semblera n'avoir donnez que sur les sacs."

Am 21. September 1747 berichtet Manteuffel, daß er die Stiebritzische Gegenschrift nach Sangerhausen geschickt hat und fährt fort (III 294): „Ce rabuliste est d'ailleurs extrémement content, à ce qu'on m'écrit de la réponse que je lui ai faite; marque qu'il n'entend gueres le françois; et je suis tout curieux d'apprendre, ce qu'il aura dit des deux piéces, qu'il lui font toucher au doigt, qu'il est fou et ignorant."

Wolff am 22. September 1747 (III 296 f.): „H. Formey hat an M. Körbern geschrieben, daß man bey der Societät gesagt, ich hätte wieder den Justi etwas herausgegeben. Sonder Zweiffel wird es derselbe an Eulern geschrieben haben, weil er mir dasjenige beymeßen wollen, was in dem Büchersaal gegen ihn erinnert worden. Von anderen habe vernommen, daß H. Eller gantz rasend worden, da er von Körbers Schrifft gehöret, indem er wieder die Monaden so eingenommen seyn sol, daß er in den heffigsten Affect geräthet, wenn sie jemand vertheidigen wil. Die Stieberitzische Schrifft, ob sie gleich moderater geschrieben, wird ihm die Galle noch mehr erregen. Man wird nun bey der Academie wohl erkennen, daß man mit H. Justi wenig Ehre einleget, und daß es denen Herren Richtern, die ihm das praemium zuerkannt, mehr zur Schande als ihm gereichet, wenn ihm seine Unwißenheit und sein Unfug handgreiflich gezeiget wird. Die Recension in den gelehrten Zeitungen wird die Schande noch mehr aufdecken. Ich hoffe, es werde dieses das beste Remedium vor die Academisten seyn, daß sie ins künfftige vorsichtiger sind, da ihre Histoire ohne dem in den philosophischen Materien noch schlechten credit erhalten. H. Formey hat M. K. versprochen, seine Schrifft in der Bibliotheque Germanique zu recensiren [NB. hat es aber nicht ausgeführt]. Es wäre aber gut, wenn er die Stieberitzische mit dazu nähme, welches er leicht thun würde, woferne Euer HochReichsgräfl. Excellenz ihm den Vorschlag thäten: denn ich mag nicht gerne dieses thun aus bekannten Ursachen. Wenn Justi gescheudt wäre, so schwiege er stille und meldete sich nicht weiter, und wenn die Antimonadischen Academisten nicht weiter, wie bisher, in dieser Sache unbedachtsam verfahren wollten, würden sie ihn dazu ermahnen, denn es ist eigentlich ihre Sache, wenn wieder den Rabulisten geschrieben wird, der sonst verachtet würde mit seinen Lappalien. Allein ich habe von beyden Seiten zu einer solchen Klugheit wenig Vertrauen. Justi könnte am besten aus dem Spiele kommen, wo er nicht stillschweigen wollte, wenn er die Wiederlegungen seiner Schrifft vor eine Sache der Academie ausgäbe, deren Urtheil angefochten würde, und vorgäbe, daß er darinnen acquiescire und die Academie ihr Urtheil schon würde zu behaupten suchen. Herr Maupertuis schrieb, es würden nebst Justi Schrifft auch noch andere gedruckt, und das publicum würde alsdann Richter von der Academie seyn. Ich wollte aber wünschen, daß er es lesen könnte, wie die Academie gerichtet wird, und was sie vor ein Urtheil erhält.“

Manteuffel am 23. September 1747 (III 298 f.): „. . . j'ai écrit, ce matin, à une parente, que j'ai à Sangerhausen, pour la charger de faire insinner; comme un conseil d'ami, à Justi, que le parti le plus sage, pour lui, seroit, de tacher de tirer son épingle du jeu, en faisant de sa querelle celle de la Societé de berl. . . . Et comme j'ai donné à ce conseil l'air le plus naturel et le plus sincer, que j'ai pu, nous saurons bientót, si le rabuliste l'aura gouté. Peutétre donnera-t-il dans le panneau. La societé sera bien embarassée et attrapée, s'il le fait. J'écrirai aussi, dès ce soir, à Mr. F., qu'il faut qu'il donne un extrait; et de l'écrit de Koerber, et de celui de St.; dans la bibl. Germanique, et je ne doute nullement qu'il ne le fasse. . . . P. S. En ce moment me vient voir le Prof. Bel, et me dit, qu'après y avoir mûrement reflechi, il trouve qu'il ne feroit rien; qu'il vaille, s'il vouloit donner, dans une seule et même gasette litteraire, des extraits de la piece de Justi, et de celle de ses deux refutateurs, et que c'est pourquoi qu'il a resolu d'en faire 3. extraits consecutifs, au lieu d'un; qu'il ne parlera dans le premier, que de l'écrit de Justi, et de ses argumens, et qu'il y ajoutera les raisons, qui lui ont fait adjuger la victoire etc; que, dans la feuille suivante, il rapportera le contenu et les argumens refutatoires de M. K., et que dans la 3me, il rendra justice à la piéce de Mr. St., qui est generalement applaudi par tous ceux, qui la lisent. J'ai fort approuvé cette idée du prof. B., et j'espere que vous ne la desapprouverez pas." Indessen sind die geplanten Artikel in der nächsten Zeit überhaupt nicht und später in anderer Form erschienen, wie wir weiter unten sehen werden.

Wolff am 23. September 1747 (III 301): „Die Körberische Schrift sol bey der Academie in Berlin viele motus erreget haben, und immer einer die Schuld auf den anderen werffen. Insonderheit soll derjenige, der das anathema wieder die Monaden so zuversichtlich ausgesprochen, gantz außer sich selbst gesetzt worden seyn. Wie denn überhaupt diese Sache in Berlin großes Aufsehen machen sol, und selbst über der Taffel der Königl. Frau Mutter vieles davon gesprochen worden. Euer HochReichsgräfl. Excellenz werden die beste und sicherste Nachricht von H. Formey erhalten können. Herr Justi findet sich gleichfals durch diese Schrifft sehr gerühret, und hat an den hiesigen Professorem Meyer geschrieben, er möchte ihm doch berichten, ob M. Körber der Urheber davon sey und wer sie censiret. Ich habe ihm aber gesagt, er solle ihm nur gantz kaltsinnig antworten, hier bekümmere man sich nicht viel um diese Sache, und wiße er also nicht, wer der Autor und Censor sey. Er wollte aber wünschen, daß er sich gegen mich und den H. v. Leibnitz etwas bescheidener aufgeführet, und mehr auf die Gründlichkeit der Sachen gesehen hätte. Ich würde mich darein weder directe, noch indirecte

meliren. Es wäre wohl gut, wenn die Recension der beyden Piecen
in den gelehrten Zeitungen bald erschiene, und dabey der Nahme so
wohl des einen, als des anderen verschwiegen bliebe, ehe etwan in
anderen Zeitungen etwas wiedriges dagegen insinuiret würde. Denn
sonderlich die Herren Göttinger stecken mit unter dem Complot."

Manteuffel am 26. September 1747 (von Leipzig aus) (III 303):
„J'ai prévenu vos desirs, par rapport à la piéce de Mr. Koerber, et
aux effets, qu'elle doit avoir produits à berl.: Je priai, dès samedi
passé, Mr. F.; en lui envoiant un exemplaire du bel écrit de Mr.
le Prof. St.; de m'apprendre ce que les Antimonadiers de ce pais-là
pensent ou disent, après avoir lu ces deux brochures, qui doivent
naturellement les piquer d'autant plus vivement, qu'ils ne sauront
apparemment, comme faire, pour y repliquer. J'espere, que la recension des 2. écrits anonymes ne tardera pas de paroitre, et je suis
sûr, qu'aucun de leurs auteurs ne sera nommé dans notre gasette
litteraire. Aussi ne vois-je pas, à quoi il serviroit de les nommer."

Wolff am 28. September 1747 (III 305 f.): „Daß Euer HochReichsgräfl. Excellenz kluger Rath dem Justi gefallen werde, zweiffele fast,
weil man mir gesagt, wenn er gewis ausmachen könnte, daß Körber
der Autor der Wiederlegung wäre, wollte er die Sache in Berlin an-
hängig machen, indem er vermeinet, der Hoff sollte ihm satisfaction
verschaffen, wenn er von der Academie der Wißenschafften unterstützt
würde, wie er nicht daran zweiffelt, daß es geschehen müße. Daher
wollte wohl, daß nicht etwan H. Prof. Bel in der Recension dieser
Wiederlegung einfließen ließe, als wenn M. Körber ihm ungeziemend
begegnet wäre, damit er es nicht als einen Beweis anführte, als wenn
er ihn injuriret hätte, um auf seine rabulistische Art der Sache eine
Farbe anzustreichen. Sonst gefället mir des H. Prof. Bel Vorhaben
sehr wohl; und muß ihn nicht weniger wegen seiner Klugheit, als
wegen seiner bekandten gründlichen Einsicht hochachten. Unterdeßen
sol mich verlangen, was Euer Excellenz von Sangerhausen vor eine
Antwort erhalten werden, wie nicht weniger was H. Formey von den
Bewegungen bey der Academie in Berlin über diese Sache berichten
wird. Hier hat sie bey vielen schon allen ihren credit verlohren,
und man prophezeyet ihr auch nichts beßeres an anderen Orten.
Und eben das Ärgernis der Herren Richter über die Körberische

Schrifft zeiget zur Gnüge, daß sie ihre Schande gar zu deutlich mercken. Es wird aber dieses noch um ein weit größeres vermehret werden, wenn sie die andere Schrifft erst sehen werden. Sollte nun aber noch dazu Justi die gantze Sache auf sie schieben, und sich dadurch herauswickeln; so würde es ihr noch empfindlicher seyn, wiewohl ihre Schande noch größer werden würde, wenn Justi sich entweder weiter vertheidigen, oder auch eine Controvers, die er auszuführen nicht vermögend ist, in eine Injurien-Klage mit Beyfall der Academie verwandeln wollte . . . Vor den Extract aus dem Schreiben des H. Formey [nicht erhalten] dancke gehorsamst. Ich glaube gantz gerne, daß man in Berlin außer der Academie nichts nach dieser Controvers frage, denn es ist leicht zu begreiffen, daß sie nicht nach dem Begriff derer ist, welche daselbst vor gelehrt passiren, am wenigsten aber der Hoffleute. Allein es ist die Frage, was die Herren Richter dazu sagen, die sich doch unter die anderen nicht rechnen können."

Manteuffel am 29. September 1747 (III 307): „J'ignore jusqu'à présent, ce que notre celebre Rabuliste aura dit du conseil, que je lui ai fait donner . . . Comme le Pr. Bel dinera aujourd'hui avec moi, je lui defendrai, de relever la maniere un peu trop caustique, avec laquelle le M. K. a relancé et ridiculisé l'Antimonadier, et je vous répons d'avance, qu'il suivra conseil, d'autant plus qu'il s'est proposé, lui-méme, de traiter ce fat, comme il merite de l'etre."

Manteuffel am 3. Oktober 1747 (III 309): „Mon secretaire Spener vous aiant racconté, à ce qu'il m'assûre, que le Prof. Bel m'étoit venu lire la minute de l'extrait de la piece Antimonadiére de Justi, qu'il s'etoit proposé alors d'inserer dans notre gasette litteraire, je ne doute que vous ne soiez curieux de savoir les suites de ce dessein, et c'est pourquoi je me donne l'honneur de joindre ici 3. exemplairee de la feuille etc. Vous m'avouerez, que l'Auteur a fait quelque choss de plus, que frapper sur les sacs. Ses coups ont porté directement sur les bétes mémes, qui en sont chargez, et il me semble, qu'il n'y est pas allé de main-morte. Lundi prochain il donnera un extrait encore plus assommant de la piéce Anti-Justienne de M. K., dont il me lut hier au soir le MSC., et il reservera ses coups de graces; c. à. d. ceux qui acheveront de jetter le monstre sur le carreau;

pour la feuille de jeudi en huit, où il extraira le bel écrit de Mr. St. Je n'ai pas encore reçu réponse de Sangerhausen."

„Neue Zeitungen von Gelehrten Sachen", 2. Okt. 47, Nr. 79, S. 707 ff., Leipzig. In dieser Rezension der Ergötzungen VI, 4 heißt es ironisch: „Das so großen Männern, unter andern auch Fontenellen, schwehr und unbegreifliche Leibnitzische System, welches daher auch noch von niemanden zu Grunde gerichtet werden können, hat also endlich einen Mann gefunden, der dessen Unrichtigkeit nicht nur ohne viele Mühe eingesehen, sondern auch aus väterlicher Vorsorge vor die Aufnahme des Reichs der Wahrheit in gegenwärtiger Schrift der gelehrten Welt ganz deutlich, und zwar Ergetzungsweise, vor die Augen geleget hat. Es kömmt uns zwar vor, als wenn bey nahe alles, was noch einigen Schein hat, was aber schon lange, und von mehr als einem beantwortet ist, hauptsächlich aus den Demonstrationibus metaphysicis contra monades nudas Leibnitianas, nec non simplicia elementaria Wolfiana, des Hrn. Prof. Ludovici, aus Walthers eröfneten Eleatischen-Gräbern, und endlich aus Müllers Zweifeln gegen Wolfens Logik und Metaphysik genommen sey; und als wenn der Herr Verfasser demnach mit fremden Federn prange: allein, da wir nicht glauben können, daß er seine Freunde, deren Beyfalls er zum voraus versichert gewesen, so hinters Licht geführet, und ihnen auf gewärmten Kohl vor ein frisches Gerichte habe vorsetzen wollen, so halten wir vor billig durch einen kleinen Auszug jedermann zur Beurtheilung anheim zu stellen, ob die gebrauchten Gründe wircklich so beschaffen sind, daß darüber das Lehrgebäude der Monaden und einfachen Dinge gänzlich über den Haufen fallen müsse, und ob nicht vielmehr diese Lehre dadurch, daß diese Schrift als die beste antimonadische von einigen angesehen worden, ein desto größeres Ansehen gewinne. . . . ." Nun folgt eine Art Inhaltsangabe, die Schritt für Schritt die schwersten Vorwürfe gegen Justi erhebt und im Ganzen genommen eine vernichtende Kritik seiner Preisschrift darstellt. Auch über die Berliner Akademie wird indirekt das Urteil gesprochen, wenn im Anschluß daran die Rezension in den boshaften Satz ausläuft: „Wir müssen übrigens das einzige noch erwehnen, daß dieser Schrift, von einer Hochansehnlichen Akademie der Wissenschaften zu Berlin, durch die meisten Stimmen einer dazu eingesetzten Commißion, quasi per compromissum, der vor dieses Jahr aufgesetzte Preiß ertheilet worden." Unverkennbar hat Bel bei dieser Kritik den ihm von Manteuffel zur Verfügung gestellten Brief Wolffs vom 18. September 1747 (oben S. 120) zum Teil ausgeschrieben. Von den drei erwähnten „Quellenschriften" stand mir die Walthers leider nicht zur Verfügung. Ludovicis more geometrico gehaltene Dissertation vom J. 1730 lehrt: Die Körper sind aus einfachen Dingen zusammengesetzt, die aber ihrerseits als Teile eines ausgedehnten Ganzen selbst ausgedehnt sind. Auch sind die einfachen Dinge weiter teilbar gleich der in Brüche zerlegbaren Zahleinheit. Die Hauptdifferenz zwischen Leibniz und Wolff im Punkt der Lehre von den Monaden besteht in deren problematischem Vorstellungsvermögen. Es ist unmöglich, weil ein kontradiktorischer Widerspruch, daß beliebig viele unausgedehnte einfache Dinge addiert ein ausgedehntes zusammengesetztes Ding ergeben. Das Ganze und seine Teile müssen eiusdem generis sein. Die corpora naturalia bestehen vielmehr aus ihren Elementen wie eine zusammengesetzte Zahl aus Einheiten. Der Teilbegriff spielt übrigens bei Ludovici — ähnlich wie nachher bei Justi — eine große Rolle. Das Schlußergebnis lautet: Monades Leibnitii nudae et Simplicia Wolfii elementaria elementa corporis naturalis esse nequeunt. Sodann: Jak. Friedr. Müller, ehemals Anhänger Wolffs, mehr und mehr aber gegen seine Lehre kritisch gestimmt, hatte im Jahre 1731 einhundertvierundvierzig „Zweifel gegen Hrn. Chr. Wolffens Vernünfftige Gedancken von den Kräfften des menschlichen Verstandes, wie auch von Gott, der Welt etc." Gießen, herausgegeben, auf die Wolff — vielleicht nicht ganz einwandfrei — schon vor ihrer Veröffentlichung mit einer „Auflösung der gegen die vern. Ged. gerichteten Zweifel" geantwortet hatte. Die Zweifel richten sich nicht sowohl gegen sachliche als gegen logische Schwierigkeiten in Wolffs Begriffen vom Zusammengesetzten (S. 116 ff.), vom Einfachen (S. 141 ff.), von Bewegung (S. 128 ff., 329 ff.), Kraft und Vermögen (S. 173 ff.) etc. Die Anklänge bei Justi an Ludovici und Müller sind so deutlich, daß eine direkte Abhängigkeit (bei Justis anerkannt fabelhaftem Gedächtnis trotz der entrüsteten Notiz in: „Justi zeiget in dieser Schrift") als wahrscheinlich gelten darf, wenngleich es ungerecht wäre,

Justis Arbeit bloß eine Kompilation zu schelten. Der gleiche Müller hat im J. 1745 eine sehr sorgfältige Arbeit veröffentlicht: „Die ungegründete und idealistische Monadologie oder Wahre Gestalt der Leibniz- und Wolfischen Lehre von denen einfachen Dingen." Trotz aller Polemik steht diese Schrift des früheren Wolffianers dem Standpunkt Wolffs näher als die Justische.

Endlich am 8. Oktober 1747 hat Manteuffel Antwort von Sangerhausen (III 311): „Venant de recevoir enfin la réponse, que j'attendois de Sangerhausen, je prens la liberté, d'en joindre ici un extrait [nicht erhalten], où vous trouverez, que vous avez eu raison de douter, que Justi suivroit le conseil d'ami, que nous lui avons fait insinuer. Il veut absolument repliquer; à ce que je vois; à ses refutateurs, et je ne crois, qu'il faut le laisser faire. Sa prostitution, et celle de l'Academie de berl. n'en deviendra, que plus deshonorante. Et comme je ne doute presque pas, qu'il ne s'attache principalement aux traits un peu trop pointus de M. K., ni qu'il ne rencherisse, sur ce qu'il y aura trouvé de sanglant, en allant jusqu' aux injures, je medite actuellement le moyen, de faire executer anonymement le conseil salutaire de ma corréspondente, et de lui faire rabátre le caquet par une petite volée de coups de canne, au cas que ses rispostes deviennent trop injurieuses. Comme il paroit insensible aux traits intellectuels; ou argumens convaincans des defenseurs des Monades, il faudra bien, que celles-ci tachent de se venger de ses impertinences d'une maniére corporelle, et plus conforme à la grossiereté de son entendement, et à son mérite. Je trouverai, en cas de besoin, plus d'un ami, parmi nos officiers, qui se chargeront, avec plaisir et prudence de cette commission monadiére."

Am 12. Oktober 1747 schreibt Manteuffel als Antwort auf einen (nicht erhaltenen) Brief Wolffs (III 313 f): Je vous suis fort obligé des éclaircissemens, que vous avez bien voulu me donner, touchant le petit traité de Cyriacus. Et comme vous finissez votre lettre par la justice, que vous rendez au Prof. Bel, je l'ai donné à celui-ci, tant pour le réjouir par les éloges que vous lui donnez, que pour lui fournir un modéle de l'extrait, qu'il s'est proposé de donner du dit traité, sans vous commettre, dans nótre gasette . . . Au moment que j'écris ceci, je reçois une seconde lettre de Sangerhausen, au sujet d'un exemplaire de notre gasette litteraire, que j'avais chargé **ma** correspondente, de faire tenir anonyment à Justi, et j'en joins ici un extrait, qui vous apprendra, que ce fou antimonadier; se defiant apparemment de ses forces; semble avoir renoncé au dessein de repliquer à ses refutateurs, et qu'il affecte de ne leur vouloir repondre, que par un silence meprisant."

Gleichfalls noch am 12. Oktober 1747 anwortet Wolff (III 315) mit Bezug auf das (uns nicht erhaltene) Schreiben von Sangerhausen: „Die Antwort daher hat wohl nicht anders ausfallen können, als ich vermuthet. Denn der Rabuliste hat noch nicht vernünfftig zu urtheilen gelernet, und verstehet noch nichts von der Logick, daß er einen vernünfftigen Schluß machen könnte. Und gleichwohl bildet er sich ein, hierinnen Meister zu seyn, und eignet sich eine große Einsicht in die tiefverborgensten Wahrheiten zu. Da ihn nun das Berlinische Gold noch mehr verblendet, und der Beyfall der Academie zu Berlin ihn in seiner Einbildung von sich selbst bestärcket hat; so ist noch weniger Hoffnung, daß er seine Schwäche und Unwißenheit erkennen wird. Je mehr er sich aber wird verantworten wollen, je tiefer wird er hineinfallen, und seine entdeckte Blöße wird die Schande der Academie vermehren. Es scheinet aber, daß die Herren, welche bey derselben die Oberhand haben, von eben dem calibre sind, wie Justi, da sie sein elendes Geschmiere ins Frantzösische übersetzt haben, und noch damit prangen wollen, daß sie so vortreffliche Richter sind. Sie hätten die Wiederlegungen mit dazu sollen drucken laßen, wenn das publicum, wie H. Maupertuis schrieb, sie richten sollte. Und deswegen kan H. Formey nichts beßeres thun, als wenn er die Wiederlegungen frantzösisch recensiret. Und werden ihm die Leipziger-Gelehrte Zeitungen zum Muster dienen können, wenn sie erst alle heraus sind, damit er nicht etwan das wichtigste übersiehet, maßen das schlechteste in der Rabulistischen Schrifft das wichtigste vor die gerechte Sache ist."

Manteuffel am 13. Oktober 1747 (III 317): „Venant de recevoir une lettre de notre ami F. de berl., qui me paroit assez interessante, je me háte d'en joindre ici un extrait confident, avec une copie de la piéce, que vous y trouverez alleguée. J'ai aussi l'honneur de recevoir, en ce moment même, la vôtre d'hier. Mais vous aiant mandé

par l'ordinaire de ce matin, que notre rabuliste de Sangerh. a changé
d'avis, ne voulant plus répondre à ses refutateurs, je n'ai plus d'autre
réponse à vous faire. J'y ajouterai seulement que ce que F. me
mande, au sujet du credit de Justi dans l'Academie des sciences, ne
convient gueres avec les rodomontades, qu'il en fait à Sangerhausen."

Wolff am 16. Oktober 1747 (III 319): „Weil die Academie zu
Berlin, die in allem der Pariser nachaffet, auch endlich hierinnen ihr
folget, daß sie nicht vor ihre Meinung wil gehalten wißen diejenige,
welche sie mit dem Preiße krönet, jedoch ihr nicht anders als empfindlich seyn kan, wenn die Blöße des Sangerhausischen Rabulisten immer
mehr und mehr aufgedeckt wird, so scheinet es wohl, daß ihm von
Berlin aus der Rath ertheilet worden sich nicht weiter in die Streitigkeiten einzulaßen, wodurch ihr immer ein größerer Nachtheil zuwachsen
würde, wenn sie fortgesetzet wird."

Manteuffel am 19. Oktober 1747 (III 321): „ . . . vous dire, que
Justi semble avoir encore changé de resolution. Il fait actuellement
imprimer chez Breitkopf, un nouveau tome de ses Ergötzungen, et il
y a inseré l'écrit d'un Gentilhomme Silesien [der schon erwähnt wurde]
en faveur des Monades, l'aiant refuté, en méme tems, par des remarques, où il dit, comme en passant, que, diverses autres plumes aiant
attaqué ses sentimens contre les Monades, il repliqueroit à toutes
dans le méme stile, dont elles s'etoient servies dans leurs objections."

Offenbar sind die Anmerkungen auf S. 228 der Ergötzungen
5. Bd. gemeint; sie sind indessen nicht ganz genau reproduziert.
Justi scheint demnach schon seine Apologie: „Justi zeiget in dieser
Schrift die Nichtigkeit aller Einwürfe und unhöflichen Anfälle etc."
1748 unter der Feder zu haben. Was aber das eingesandte Schreiben
betrifft, so erklärt Justi (Ergötz. 5. Bd. S. 216 ff., September 1747):
obwohl fest entschlossen seine Leser mit dem Monadenstreit nicht zu
behelligen halte er es doch für billig den bereits erwähnten Einsender
nun auch zu Worte kommen zu lassen. Dessen Zuschrift ist aber
nicht mehr die frühere, vielmehr vom 20. September 1747 datiert
und nimmt auf die Ablehnung der ersten Bezug. Inhaltlich gehört
sie wohl zum Minderwertigsten, was gegen Justi geschrieben worden
ist, zeugt von sehr geringem Verständnis für die Tiefe der Monadenlehre und erschöpft sich, einseitig genug, fast nur darin zu zeigen,

daß die einfachen Dinge nicht weiter teilbare Teile der zusammengesetzten seien und daher der Schluß vom Zusammengesetzten auf das
Einfache seine Berechtigung habe.

Manteuffel am 24. Oktober 1747 (III 323): „Je joins . . . ici un
exemplaire du dernier „Magasin de Hb.", qu'on vient de m'apporter.
Vous y trouverez, p. 172., une nouvelle refutation de l'écrit Anti-
monadier de notre Rabuliste de Sangerhausen. Les argumens, dont
le refutateur se sert, me paroissent, à la verité; au moins, en partie;
plus mordans, que concluans; Mais quoi qu'il en soit, ce sont autant
de coups de massue pour Justi, qui sera très embarassé de repousser
tant de differens assaillans. Il a écrit, depuis peu de jours à un de
ses amis d'ici, que le nombre de ses Antagonistes ne l'etonnoit point;
qu'il repondroit à chacun, comme il le meritoit; qu'un savant de
Halle, dont il connoissoit précisément le nom, et les circonstances
(il ne faut pas douter, qu'il n'entende par là le M. K.) l'avoit fort
rudement traité, mais qu'il l'en paieroit qu'un autre savant, peutétre
d'ici, l'avoit refuté avec beaucoup de moderation et de politesse, (il
entend sans doute, par là le bel écrit du prof. St. [cf. oben S. 103])
et qu'il lui repliqueroit sur le méme ton; qu'il avoit cependant été
surpris de se voir mal traité aussi dans la gasette litteraire d'ici:
Mais qu'etant informé, que le Prof. Bêl est l'auteur des articles qui
le regardent, il ne manqueroit pas d'y risposter avec la méme emphase
etc. Je suis bien aise, qu'il veuille se froter principalement à ce
Prof., qui est ferré à glace, et qu'il lui a préparé une aubade, qui
achevera sûrement de le couvrir de honte, supposé qu'il y soit encore
sensible."

Es ist zu vergleichen Hamburgisches Magazin I, 6 1747
S. 172 ff.: „Zufällige Anmerkungen über des Herrn Advokaten Justi
Preisschrift von den Monaden."

Der ungenannte Verfasser dieser nicht umfänglichen Kritik, den
auch Justi nicht mit Sicherheit zu kennen scheint (cf. „Justi zeiget
in dieser Schrift etc."), deckt vom Standpunkt Wolffs aus eine Reihe
von Ungereimtheiten in den Ausführungen der Preisschrift über das
Verhältnis der geometrischen resp. arithmetischen Begriffe zu den
metaphysischen, über die Berechtigung des Schlusses vom Zusammengesetzten auf das Einfache, über den Raumbegriff etc. auf. Bezüglich

9*

des letzteren prägt er den vielangegriffenen Wolffischen Satz (— ein einfaches Ding füllt keinen Raum aus, viele einfache Dinge füllen einen Raum aus —) nicht übel in folgende Form um: „Ein einfaches Ding erregt die Vorstellung des eingebildeten Raumes nicht in uns, aber viele zusammen erregen dieselbe." Und zur Verteidigung verweist er nicht minder geschickt auf die Newtonsche Farbentheorie, wornach von den sieben Farbenstrahlen kein einzelner weiß ist, wohl aber alle sieben zusammen. Am Schluß kommt er zu dem Resultat, daß Justi nicht nur „die größte Unwissenheit", sondern auch „unbedachtsamen und groben Stolz" gezeigt habe. Bezüglich der Akademie aber sei es fast zu vermuten, daß sie im Grunde für die Lehre ihres ersten Präsidenten eingenommen sei und die Justische Schrift nur deswegen gekrönt habe um anzudeuten, „wie elend alles das seyn muß, was wider die Monaden vorgebracht werden kann, da das, was sie für das Beste darunter erklärt, so elend ist."

Justis mitgeteilte Äußerungen seine Selbstverteidigung betreffend entsprechen völlig den Ausführungen der vorhin zitierten Schrift: „Justi zeiget etc."

Manteuffel am 26. Oktober 1747 (III 325): „Voici enfin l'extrait de l'écrit defenseur des Monades des Mr. K." Der Grund für sein spätes Erscheinen dans notre gasette litteraire liegt an Menckes Redakteurgewohnheiten. Manteuffel hat aber das jetzige Erscheinen des Artikels durchgesetzt. Mant. hat diesen Artikel sowie des Magasin de Hb. an Justi geschickt.

Der extrait in den Leipziger Gelehrten Zeitungen, 26. Oktbr. S. 764 ff. beginnt: „Da Herr Justi in seiner antimonadischen Schrift dem Hrn. von Leibnitz hie und da, auf eine sehr ungeziemende Art, als einem unverständigen und verwirrten Manne, Hohn gesprochen, und sich solchergestalt nicht nur an der ganzen gelehrten Welt überhaupt, sondern auch hauptsächlich an der Academie der Wissenschaften zu Berlin, welche diesem unsterblichen Manne ihre Stiftung und Aufnahme schuldig ist, sehr versündiget hat; so ist man von beyden Seiten dem Hrn. Verfasser Danck schuldig, daß er gleich beym Eingange seiner Schrift, der Vertheidigung eines so Verehrungswürdigen Nahmens einige Blätter gewidmet, und im folgenden Stück vor Stück dargethan hat, daß man bey dem Angriffe des Hrn. Justi eben nicht zu besorgen habe, was das alte Sprüchelgen sagt: Semper aliquid haeret." Dann wird über den Inhalt referiert, wobei der Verteidiger der Leibnizischen und Wolffischen Lehren durchweg gegen Justi Recht bekommt. Kurzum Justi hat „überhaupt gar nichts bewiesen". „Die Vertheidigung verdienet übrigens von Wort zu Wort gelesen zu werden; und, sollte sich jemand über den Eifer des Hrn. Verfassers gerühret finden, so wäre das ein sicheres Zeichen, daß derselbe die Justische Schrift nicht müsse gelesen haben, in welcher so viele ungegründete Zumuthungen, falsche Schlüsse, und anzügliche Ausdrückungen, zu finden sind, als in dieser Vertheidigung gute Gründe, richtige Folgen, abgenöthigte Rettungen der Wahrheit und ihrer Freunde, vorkommen."

Wolff am 30. Oktober 1747 (III 327 f.): „Was . . . das Hamburgische Magazin betrifft, vor deßen communication unterthänigst dancke, so gefällt mir der Schluß am besten, da die Academie zu Berlin ein NB. bekommet, das ihr zwar empfindlich seyn wird, aber sehr heilsam und nöthig ist. Endlich habe die Recension der Körberischen Schrift mit vielem Vergnügen gelesen, und zweiffele auch nicht, daß die anderen beyden Herren ein gleiches Gefallen daran haben werden. Der Anfang ist auch eine heilsame Artzney vor die Academie, woferne sie klug ist, damit sie ins künfftige vorsichtiger wird, und nicht durch die passiones des einäugigen Eulers sich zu Übereilungen verleiten läßet und ihn vor allwißend ansiehet, da doch seine Einsicht sich über den calculum differentialem et integralem nicht erstrecket, es ihm aber insonderheit quoad mores sowohl in der praxi als theoria fehlet. Der Schluß wird auch gute Dienste thun, der die nöthige retorsion gegen einen unverschämten Gegner rechtfertiget. Denn wenn nach dem Ausspruche Salomons der Narr nicht klug wird, wenn man ihn gleich im Mörser stößet, wie Grütze; so wird noch weniger mit ihm auszurichten seyn, wenn man ihn als einen weisen Mann tractiren wil. Und woferne man ihm nicht auch antwortet nach seiner Narrheit, so wird er sich beständig weise düncken, und seine Grobheit vor Bescheidenheit halten. Ich habe erst dieser Tage einen Brief aus Engelland bekommen, darinnen man mir schreibet: es sey daselbst so weit kommen, daß man sich der

Keilischen[1]) Grillen von der vi attractione und vi inertiae, tanquam
qualitate primitiva, recht schäme, nachdem sie die experimenta von
der Electricität, und mit dem Magneten, auf beßere Gedanken gebracht,
und werde bald dahin kommen, daß niemand mehr unter ihnen diese
vires anders, als ein phaenomenon per causas mechanicas explicabile,
ansehen werde, welches die Sprache sey, die Verständige daselbst
allzeit davon geführet etc."

Manteuffel am 1. November 1747 (III 329): „Voici ce que j'ai à
repliquer à votre lettre du 30. d. p. Je l'ai communiquée au Prof.
Bel. Il est extrémement charmé du jugement, que vous portez de
l'extrait qu'il a fait de l'écrit de Mr. K. Et comme il est personnelle-
ment piqué contre Justi, depuis la lettre, que celui-ci a écrit à un
de ses amis d'ici; comme je crois vous l'avoir mandé; nous sommes
convenus, qu'il n'attende pas l'attaque de ce Rabuliste, mais qu'il le
previendra, et voici comment: Il a un famulus, qui est un garçon
d'un fort heureux génie; qui a fait quelques progrès dans votre Philosophie et dans les Mathématiques; et qui va se faire declarer Bachelier,
à mes depens. Et c'est ce prochain Bachelier, qui composera, sous
la manuduction de son principal, un plaidoyer latin, en faveur des
Monades, et le fera imprimer sous son propre nom. Vous pouvez
croire que l'Académie des sciences, ni le grand Euler, ni Justi n'y
seront pas épargnez. Le Bachelier y travaille actuellement, depuis
quelques jours, et son ouvrage paroitra au plus tard, en 6. semaines.
Comme j'en verrai les feuilles, à mesure qu'elles seront minutées,
j'aurai soin avec Mr. B., que rien n'y soit oublié, et que les Anti-
monadestes soient traitez, selon le conseil de Salomon, et, chacun,
comme ils le meritent."

Manteuffel am 3. November 1747 (III 332): „J'ai de la peine à
comprendre, que l'Electricité, et l'invention des Aimants artificiels
aient pu detruire les principes susdits, l'un et l'autre étant principalement fondées sur l'Attraction, et pouvant, à mon avis, servir plutót,
à la constater, qu'à lui faire perdre son credit. Je vous prie de me
donner quelque éclaircissement là-dessus." Cf. S. 137.

---

[1]) John Keill 1671—1721, nicht zu verwechseln mit seinem jüngeren
Bruder, dem Arzt, war ein berühmter Mathemathiker und erfolgreicher
Vorkämpfer Newtons; Hauptwerk: Introductio ad veram Physicam.

Manteuffel schickt am 5. November 1747 (III 333) an Wolff l'extrait d'une lettre [nicht erhalten] dont l'Auteur est lieutenant d'infanterie, zugleich aber Anhänger Wolffs. Er hat sich mit der Literatur über den Monadenstreit beschäftigt. „Le jugement, qu'il porte dé l'écrit de Justi, m'a semblé si comiquement juste, que je suis tenté d'en faire tenir un extrait; pareil au cy-joint; à notre Rabuliste, ou d'en faire inserer le contenu dans le plaidoyer-Monadier de mon prochain Bachelier, qui y travaille de toutes ses forces."

Am 7. November 1747 begleitet Manteuffel l'extrait cy-joint d'une lettre fort interessante, que je viens de recevoir de notre ami Formey mit folgenden Worten (III 335): „Les grans ménagemens, que l'Academie des sciences, ou, pour mieux dire, son President; semble vouloir garder avec vous, sont de mauvais augure pour le rabuliste, et prouvent clairement, comme F. le remarque, qu'elle sent le tort qu'elle a eu, quoiqu'elle ait de la peine à l'avouer. En attendant mon prochain Bachelier traveille, comme un forçat à sa nouvelle piéce Anti - Justienne, qui deviendra, à vuë de païs, assez bonne, et qu'il finira; comme pour la bonne bouche; par la sentence militaire, dont je vous ai envoié une copie. Je crois d'ailleurs, que; la Société de berl. paroissant vouloir tirer son épingle de jeu; nos Athlétes pourront désormais s'épargner la peine de combatre encore pour les Monades, aprèsque le dit Bachelier aura laché son coup, que je regarde comme un coup de grace, après lequel; ou je suis bien trompé; Justi n'aura plus la force de proferer un mot."

Formeys Brief vom 4. November 1747 lautet (III 337f): „J'admire la Vigueur avec laquelle la feu de l'Artillerie des Monadistes se soutient etc. J'ai entre les mains une Addition que Justi a envoyée à son Chef-d'œuvre, par laquelle il s'engage à faire une Réponse, qui anéantira tous les Ecrits-passés, presens et NB! à venir, dans lesquels sa Piece est attaquée. Il n'y a rien de plus comique que cette Gasconade. Mais à propos de son Chef d'œuvre, voici quelques circonstances qui le regardent, toujours sous le sceau de la Confession, excepté notre Patriarche [=Wolff], mais en lui demandant instamment le secret. 1. M. Sack l'a traduit en françois pour l'impression . . . 2. Mr. de Maupertuis a revu cette Traduction mais pour en rayer tous les endroits, qui pourroient deplare à M. de Wolff, en laissant

mêmes de Lacunes, pour faire voir, qu'on faire tronqué volontierement
cette Piece. 3. Le même Mr. de M. a dressé un Avertissement qui
sera mis dans le Recueil des Monades, et même à la téte, où le
procedé de Justi, et de tous deux qui s'exprimeront desormais aussi
indécemment que lui, est formellement condamné. 4. Enfin je suis
chargé de revoir l'Original même Allemand, et d'y biffer tout ce que
je croirois dans le cas de desobliger Mr. de Wolff. Tout cela ne
repare, que bien mincement, la sottise que l'Academie a fait; mais
cela fait voir, au moins, qu'on la connoit."

Am 8. November 1747 antwortet Manteuffel Formey folgendermaßen (III 339f): „Les Anecdotes, qu'il vous a plu; cher Gr. Aumer;
me mander le 4. d. c. m'on fait, et à tous les Aletophiles d'ici, un
plaisir infini, et je suis sûr, qu'elles n'en feront pas moins à notre
Patriarche, à qui je viens de les communiquer, lui aiant envoié
confidemment un extrait de l'endroit de Votre lettre, qui les contient.
Je ne puis trouver mauvais, que Mr. Sack; pour faire sa cour à des
personnages à la mode, en vos cantons; ait fait le traducteur de Justi.
Peu Philosophe, comme il est, je suis persuadé, qu'il ne s'est pas
donné la peine de bien péser, ni les argumens des Anti-monadiers,
ni ceux des Monadistes, et qu'il n'a même aucune idée de la controverse,
qui les a mis aux mains. Que dira-t-il cependant, lui, qui est
naturellement fort prévenu, en faveur de ses productions, quand il
verra sa traduction chatiée et tronquée? et que dira-t-il, de ce que
l'Academie laisse son Avocat, si chaudement couronné; pour ainsi
dire; dans les marais? Ce prétendu vainqueur des Monades a beau
faire le fanfaron, en promettant de faire mordre la poussiere à ses
adversaires passez, presents, et futurs. Je le defie de parer à toutes
les bottes, qu'on lui a actuellement portées, et qu'un nouveau gladiateur;
qu'il a osé agacer dans une lettre; est sur le point de lui faire
porter encore par son prévot-de sale, qui est un jeune Bachelier tout
fraix moulu, et qui s'est proposé de l'assaillir, et de le terrasser sans
misericorde, et sans daigner baisser la visiére, c. à. d. sans lui cacher
son nom, et ses titres. L'histoire de ce nouveau champion et de
l'avanture, qu'il va tenter, est assez singuliere et comique, pour meriter,
que je vous en dise deux mots: J'ai dit, que Justi; dans une lettre
à un ami commun, a agacé un de nos principaux gladiateurs, grand

partisan Wolfien. Piqué de tant de pétulance, et craignant néant-
moins, de se mesurer, à face decouverte, contre un fat, il voulut
d'abord le relancer dans une brochure anonyme; Mais comme ce n'est
se venger qu'à demi, que de vaincre son ennemi par des coups fourez,
je lui conseillai, de preparer quelque fondre, et de persuader certain
pauvre étudiant, qui est un garçon de beaucoup de genie, et qui lui
sert actuellement de ce que nous appellons ici, famulus; de la lancer,
comme un trait de sa propre façon. Le Gladiateur gouta mon conseil.
Il sonda son famulus, et celui-ci, après quelques legéres difficultez,
topa à la proposition, à condition qu'il peut étre crée gratis Bachelier
en Philosophie, afin d'en mieux imposer et derouter le Rabuliste.
Son principal; qui, lui-méme, n'est pas fort à son aise; me l'aiant
rédit, je ne balançai pas de suppléer au defaut. Je fis savoir au
jeune homme, qu'il n'avait qu'à se faire mettre sur la liste des
Candidats, à la promotion prochain, et que j'aurois soin, de paier les
fraix ordinaires de sa création. C'est ainsi qu'il m'en coutera une
douzaine d'écus, pour faire donner le coup de grace à un assassin
des Monades, et de la reputation de notre patriarche. En attendant;
pour vous divertir et vous montrer, que les Monades ont des amis,
jusques dans l'état militaire; je joins ici l'extrait d'une lettre, dont
l'Auteur est un très digne Officier d'infanterie, qui avoit prié un de
ses amis, de lui préter des piéces publiées contre et pour les Monades,
et qui vient de lui rendre compte de la lecture, qu'il en fait dans
sa garnison."

Wolff am 8. November 1747 (III 341 f): „Was den künstlichen
Magneten (cf. oben S. 134) betrifft, so wil; nebst dem extract aus
dem Brieffe, den aus Engelland erhalten; ausführlich schreiben, und
zu dem Ende die von der Madame Gottschedin übersetzte Beschreibung
so lange zurücke behalten. Jetzt erinnere nur soviel: Es ist an dem,
daß die Engelländer, die sich Newtonianer nennen, aus den phaenomenis des Magneten und den Experimenten von der Electricität, die
vires attractrices haben erweißen wollen, und eben dieses sie ange-
trieben gehabt, die letzteren Experimente soweit zu treiben, wie man
heute zu Tage damit kommen ist. Allein da man mit den künstlichen
Magneten die vortices magneticos Cartesii augenscheinlich zeigen kan,
und auch Experimente von der Electrizität die Existenz subtiler

Materien; wodurch die Würckungen der electrischen Körper bewerck-
stelliget werden, genungsam überzeuget wird; so hat man die vires
primitivas mechanice inexplicabiles, et a Deo materiae impressas, als
eine Keilische Grille angesehen, und so fället auch die vis primitiva
materiae impressa, die man vim inertiae genannt, vor sich mit hinweg,
folgends kan man alle diese vires nicht anders als phaenomena ansehen.
Der Vorschlag von dem Baccalaureo, der Beschweerden der Monadum
wieder den Rabulisten und seine Berlinische Patronen führen sol,
gefället mir sehr wohl, insonderheit, daß es in lateinischer Sprache
geschehen sol, da sie in Leipzig gute Lateiner haben, der Rabuliste
aber des guten Lateins wohl so wenig mächtig seyn wird, als der
Sache. Und halte ich es vor sehr gut, wenn das Urtheil des
gelehrten Officiers mit hineinkommet, wie wohl ich vermeine, es sey
beßer, daß man nicht meldet, daß es von einem Officier herkomme,
damit nicht bey einem und dem andern, sonderlich denjenigen, die
es am meisten trieft, das Vorurtheil den Nachdruck schwächet. Und
wird es ein größer Gewichte erhalten, wenn man bloß saget, es
komme von einer gelehrten Person, die gute Einsicht in dergleichen
Materien hat. Wenn Herr Justi seine Schrifft vor sich herausgegeben,
und nicht die Berlinische Societät sie mit dem Preiße gekrönet hätte;
würde ihm wohl niemand die Ehre angethan haben sie zu beantworten,
sondern die Verachtung die gebührende Antwort gewesen seyn. Allein
so hat die Nothwendigkeit erfordert, daß der Societät ihr Unfug
öffentlich gezeiget würde, damit nicht durch ihre Autorität bey denen,
die nicht selbst im Stande sind die Sache zu beurtheilen, der Wahrheit ein Nachtheil erwüchse, welches auch in anderen Fällen nützlich
seyn wird. Vielleicht aber werden ihr zugleich die Augen eröffnet,
damit sie ins künfftige vorsichtiger wird[1]) und auf die Einsicht des
einäugigen Eulers; wenn er sich außer seine Sphäre waget; nicht
ferner ein so großes Vertrauen setzet, sondern an das, ne sutor ultra
crepidam, gedencket. Es würde auch sehr dienlich seyn, wenn die
lateinische Schrift dem Praesidenten Maupertuis in die Hände könnte
gespielet werden, weil er von den deutschen Schrifften nichts lesen
kan, und, wie ich leicht voraussehen kan, diese Schrifft so eingerichtet

[1]) Bekanntlich ließ es aber die Akademie auch später nicht an Angriffen
gegen Leibniz fehlen.

seyn wird, daß sie einem Frantzosen angenehm zu lesen, dem die
trockene Wahrheit nicht nach seinem Geschmacke ist, sondern bey
dem ein bon-mot mehr gielt, als alle gründliche Ausführung."

Manteuffel am 10. November 1747 (III 343): „ . . . pour Vous
envoier . . . le dernier tome du Büchersaal, où Vous trouverez,
p. 381. et 383., une fort courte, mais assez bonne mention de la
guerre Monadiere."

S. 381 des Büchersaals (5. Bd. 1747) steht u. a. „daß die
Kenner der leibnitzischen und wolfischen Philosophie darum noch
nicht den Mut verlohren, wenngleich einige Neutonianer in Berlin
ihre epikureischen Atomen auf den Thron zu erheben, die Monaden
verdammen wollen." Und S. 383 bekommt Justi den Wunsch zu
hören, „daß er die metaphysischen Materien, in die er sich seit
einiger Zeit gewaget, unberührt gelassen hätte," weil er sich nämlich
damit bloß blamiert hat.

Manteuffel fährt im gleichen Briefe fort: „Notre Bachelier a deja
achevé au delà de la moitié de son nouveau plaidoyer contre Justi:
Mais, par d'assez bonnes raisons, il le fera imprimer en allemand,
s'engageant néanmoins, à en faire une traduction latine, pour Maupertuis.
C'est uniquement la faute de Mr. Mencke, que l'extrait de la piece —
Monadiste de Mr. St. n'a pas encore parû dans notre gasette litteraire.
Il est, depuis au delà de 15. jours, entre ses mains. Cet honnéte-
homme est fanfilé avec tant de petits esprits, qui le persuadent à
tout moment; soit par de petits presents, soit par leurs flateries; de
faire mention honorable de leurs écrits, ordinairement plus dignes
d'étre siflez, que d'étre louez, qu'il leur postpose souvent tout ce
qu'on lui adresse de plus sensé."

Wolff am 19. November 1747 (III 345f): „Aus demjenigen, was
Euer HochReichsgräfl. Excellenz mir von der Übersetzung der Justi-
schen Schrifft im Vertrauen zu eröffnen beliebet, sehe, daß es dem
H. Maupertuis doch ein rechter Ernst ist, davor zu sorgen, daß man
nichts praejudicirliches gegen mich von der Academie der Wissen-
schaften vermuthen sol. Dem Rabulisten aber wird es schlechte
Ehre bringen, und ich weiß nicht, ob nicht auch das Ansehen der
Richter darunter leidet."

Manteuffel am 26. November 1747 (III 349): „Quant à la controverse monadiére, je suis persuadé, que les plus sages d'entre les membres de l'Academie des sciences à berl. sentent le tort, qu'ils ont eu, de s'étre laissé entrainer par Euler, et qu'ils meurent interieurement de honte, d'avoir couronné, avec tant d'éclat et d'emphase, l'écrit du Rabuliste, étant méme outrez contre celui-ci, de ce qu'il a publié sa production dans ses Ergötzungen, parce qu'ils les a mis, pour ainsi dire, hors d'état, d'en rétrancher les plus grandes absurditez."

Wolff am 4. Dezember (III 347 f.): „Die Hamburgischen Zeitungen haben dem Rabulisten klaren Wein eingeschenckt, und der berlinischen Academie der Wißenschafften Ansehen leidet am meisten darunter. Daher ich gerne glaube was Euer HochReichsgräfl. Excellenz in dero anderem Schreiben zu berichten geruhen wollen, daß dieselbe bey dieser Sache sehr verlegen ist, da sie nicht in der Preiß-Schrifft ausstreichen kan, was ihr eine Schande ist, mit dem Preiße gekrönet zu haben. Allein sie würde ihr Vergehen auch nicht erkandt haben, ehe es von anderen öffentlich wäre gezeiget worden, und also das ihr praejudicirliche ebenfalls habe sehen laßen, wenngleich der Rabuliste seine Preiß-Schrifft nicht vorher vor sich hätte drucken laßen. Sie sollte nun aber hieraus erkennen, was Euler von (sic!) Held ist, wenn er sich außer der Sphäre seines calculirens waget, und ihr kindisches Vorurteil fallen laßen, daß wer in calculo integrali es weit gebracht, darauf er sich eifrig und allein geleget, der sey geschickter als andere. . . .(?) Sachen einzusehen und zu beurtheilen, ob er gleich nicht den geringsten Fleiß auf deren Erkäntnis gewendet hat. Ob aber der Rabuliste seine Schwäche einsiehet, daran zweiffele sehr, wenigstens wird er das Ansehen haben wollen, als wenn er in allem Überrecht hätte. Ich sollte meinen, die Academie thäte am besten, wenn sie die publication der Preiß-Schrifft gantz unterließe, und nicht durch eine Frantzösische Übersetzung dieselbe noch weiter bekand machte, zu ihrer eigenen Schande bey Auswärtigen, zumahl da es auf eine solche Weise geschehen sol und nicht wohl anders geschehen kan, daß sie dieselbe nicht undeutlich bekennen muß. Denn da der Rabuliste nicht schweigen wird, so wird sie dadurch noch immer tieffer hineinkommen."

Manteuffel am 13. Dezember 47 (III 351): „. . . si le Prof. Gottsched ne m'avoit apporté, ce soir, le cy-joint (nicht erhalten) tout nouvel écrit d'un fort zelé Antagoniste de Justi. L'Auteur, qui l'a fait imprimer à Liegniz; est le méme Gentilhomme Silesien, à qui Justi refusa, il y a quelque tems, d'inserer certain MSC. dans ses Ergötzungen et (: si je ne me trompe, après l'avoir feuilleté quelques momens :) il me semble, que tous ces argumens ne sont pas, à beaucoup près, également concluans. Mais, qu'importe? il attaque, au moins, avec beaucoup de vigueur." Ist das zu Liegnitz herausgekommene „Sendschreiben an Justi" gemeint, auf das allerdings die gegebene Charakteristik passen würde und das u. a. auch Liebe und Haß unter den Monaden lehrt?

Wolff am 16. Dezember 1747 (III 348): „Von dem Sendschreiben an den Advokat Justi bin eben der Meinung, die Euer HochReichsgräfl. Excellenz davon haben. Unterdeßen ist es vor den Justi mehr als zu gut, wenn er es mit seiner Logick vergleichet. Was macht denn aber der Baccalaureus mit seiner Eloge der Monaden? oder hat er etwan seinen Vorsatz gantz geändert, welches doch eben nicht gut wäre?"

Manteuffel am 17. Dezember (359 f.): „Mon Bachelier paroitra dans peu. La raison, pourquoi il n'a pas encore paru, c'est que le Prof. Bel, qui s'est chargé d'assaisonner le tour et le stile de la piéce, n'a pas encore achevé de s'acquitter de cette besoigne. . . . Quoiqu'il en soit, cette Baccalauréade ne tardera plus guéres de voir le jour etc."

Anläßlich der von Manteuffel angeregten Übersetzung und Kommentierung einer amerikanischen Schrift von der Tätigkeit der Materie durch Professor Kaestner (Cadwallader Colden: An Explication of the first causes of Action in Matter and of the Cause of Gravitation, New-York 1745 — Erklärung der ersten wirkenden Ursache in der Materie und der Ursache der Schwere aus dem zu Newyork 1745 gedruckten Englischen übersetzt und mit Anmerkungen begleitet von Kaestner, 1748) finden sich einige beachtenswerte Notizen, die sich — zeitlich und sachlich — am besten hier angliedern. Zur Charakteristik der genannten Schrift sei kurz erwähnt, daß Cadwallader Colden über Newton hinausführen will, drei

Kräfte — durchweg aktiver Art — konstatiert, eine bewegende, eine widerstehende und eine elastische, und aus ihrer vereinigten Wirkung die Attraktion ableitet, daß ferner Kaestner diese Erklärung ablehnt und gelegentlich die Art der Entstehung der Phänomene aus den metaphysischen Monaden für ein undurchdringliches Geheimnis erklärt.

Wolff urteilt darüber am 19. Dezember 1747 (III 365 f.): „Was er [Kaestner] in denen beygefügten Anmerckungen in dem mir communicirten MSC. beybringet, darinnen bin völlig seiner Meinung. Weder die Ruhe noch die Bewegung braucht einer Ursache, wodurch sie conserviret wird, sondern sie conserviret sich selbst. Und Newton hat bloß diejenigen irre gemacht durch seine definition, die er von der vi inertiae giebt, welche dieses annehmen. Das principium rationis sufficientis erfordert bloß eine Ursache, warum der gegenwärtige Zustand verändert wird, nicht aber, warum er verbleibet, wie er ist, und wenn er mit raison geändert werden sol, und nicht quidvis ex quovis kommen, so muß man in der Materie eine inertiam annehmen. Der Americaner irrt allerdings auch darinnen, daß er inertiam, vim motricem und elasticitatem pro totidem entitatibus a se invicem distinctis annimmet, nicht aber bloß pro phaenomenis, die von dem reellen, was in denen Dingen anzutreffen ist, und darinnen sie wohl gegründet sind, gantz unterschieden. Diesem allem hat der H. von Leibnitz in seinem Specimine Dynamico in den Actis Eruditorum [1695] vorzubeugen gesucht. Da Newton in seinen Principiis die doctrinam virium nicht recht erwogen, unerachtet er ihn nicht genannt[1]) . . . Wer nun aber erweisen wollte, warum dasjenige, was man in Cörpern zu unterscheiden hat, woferne man richtig von ihnen raisonniren wil, darinnen stat finde; der muß nothwendig auf die erste Quelle aller Erscheinungen, die von neuem angefochtenen Monaden zurücke gehen. Und es ist zu bedauern, daß der H. von Leibnitz, was er sich hierinnen zu gewehren getrauete, nicht in MSC. hinterlaßen, da er aus gewißen Ursachen daßelbe nicht bey Lebens-Zeiten bekandt machen wollte."

Manteuffel in einem am 31. Dezember 1747 begonnenen, am 16. Januar 1748 abgesandten Brief an Formey (III 377 f.): „Il y

---

[1]) Cf. übrigens den Hinweis in Arnspergers Schrift: Wolffs Verh. zu Leibniz S. 39.

a, sans doute, trêve dans la guerre des Monades, et comment voulez-vous qu'il en soit autrement? Les Antimonadiers semblent se confesser vaincus, et Justi, cet assaillant si temeraire, ne grouille plus. Quel honneur y auroit-il pour les Monadistes, à le traiter, comme le fut autrefois le sanglier monstrueux, que les jeunes chasseurs, de la suite de Meleager, ne se lasserent pas de percer de leurs fers, -quoiqu'ils le vissent roide-mort à leurs pieds."

Wolff am 14. Januar 1748 (III 386): „Meldet sich aber denn nicht bald der Baccalaureus?"

Manteuffel am 18. Januar 1748 (387): „Le . . . Prof. Bel s'étant brouillé avec son Bachelier; parceque cet Animal refusoit absolument d'admettre la sauce, dont l'autre vouloit assaisonner son écrit, et sans laquelle toute la piéce, eut été trop platte et puërile; nous ne verrons plus rien de la façon de ce sot de Bachelier, et je crois que nous pouvons d'autant plus facilement nous en consoler, que le Rabuliste prouve suffisamment par le silence, qu'il garde, depuis les derniéres réponses de Koerber, de Stiebritz et d'autres, qu'il n'a plus rien à repliquer. A quoi serviroit-il de combattre encore contre un ennemi actuellement terrassé?"

Am 27. Januar 1748 berichtet Formey, daß zugleich mit dem „second Volume des Memoires de notre Academie" „le Recueil des Piéces sur les Monades" im Druck vollendet sei (III 391). „Pour le Recueil sur les Monades, la turpitude du pauvre Justi y paroita en Allemand et en François; et cela fera sans contredit l'effet le plus ridicule du monde."

Formey bezieht sich hier auf den Preisschriftenband der Berliner Akademie vom Jahr 1748 mit dem Titel: Dissertation qui a remporté le prix proposé par l'Academie R. D. Sc. et B. L. sur le Syst. des Monades avec les piéces qui ont concouru." Aus dem sehr bezeichnenden — auch deutsch beigefügten — Avertissement von der Hand Maupertuis' seien folgende Sätze herausgehoben: „Elle (l'Académie) n'a donc pas besoin de declarer que lorsqu'elle donne son Prix, ce n'est point qu'elle embrasse les opinions de l'Auteur qu'elle couronne, ni qu'elle condamne les opinions opposées . . . On avertit les Savans qui voudront concourir, d'être attentifs à n'employer aucun terme qui puisse blesser les personnes,

dont-ils attaqueront les sentimens. Quelque négligence, que l'Auteur
qui a remporté le Prix, a eûë sur cet article, a obligé l'Academie
de suprimer dans sa piéce des expressions, qui n'étoient pas assez
mesurées contre un homme illustre, qu'elle se fait honneur de compter
parmi ses Membres . . . On avertit encore les Savans . . . qu'ils
doivent renoncer à toute propriété de leur Ouvrage" — blamabel
genug für den Preisträger.

   Manteuffel am 29. Januar 1748 (III 393 f.): „L'on vient de m'aver-
tir que le Rabuliste de Sangerhausen a mandé à un jeune Dr. d'ici,
qu'il fait actuellement imprimer, je ne sais, où, une piéce de
17. feuilles contre les Monadistes, et qu'il y a si palpablement de-
montré la nullité des objections, qui lui ont été faites, par six de
ses adversaires; qu'il faudra absolument, qu'ils en meurent de honte.
Il me tarde de voir cet écrit si assommant. Parturiunt montes etc."
Gemeint ist die mehrfach zitierte Arbeit: „Justi zeiget in dieser
Schrift etc."

   Wolff am 30. Juni 1748 (III 397): „Euer HochReichsgräfl. Excellenz dancke unterthänigst vor die Schrifft des Baccalaurei wieder
den Justi, welches Hochdieselben durch Dero Secretarium mir zu
überschicken beliebet, ob ich zwar noch nicht Zeit gehabt daßelbe
zu durchlesen."

   Diese Arbeit (J. J. H. Phil. Baccal.: Neuer Versuch einer
Prüfung der Justischen Schrifft wieder die Lehre von den
Monaden", Leipzig 1748) gesellt sich zu den bisherigen Kritiken
Justis mit der Absicht, eine Art Nachlese zu halten. Sie will zeigen,
„daß Herr Justi außer seiner Schwäche im Schlüßen nichts demon-
strirt", ja vielmehr durch seine Gegengründe unbewußt die Monadenlehre verstärkt. Im einzelnen werden ihm dann eine Reihe von fak-
tischen Unrichtigkeiten und logischen Widersprüchen nachgewiesen,
ohne daß jedoch die Ausführungen sich über eine gewisse Dürftigkeit
und Skizzenhaftigkeit zu erheben vermöchten und in die Polemik
gegen Justi ein nennenswertes neues Moment eingeführt würde, wie
Justi nicht mit Unrecht hervorhebt (cf. „Justi zeiget in dieser
Schrift" etc.).

   Manteuffel am 1. Februar 1748 (III 399): „L'écrit du Bachelier,
que je vous ai fait envoier, est le même que je vous ai annoncé,

depuis tant de semaines, et au sujet duquel l'Auteur s'est brouillé
avec le Prof. Bel, qui n'y a eu d'autre part, que celle d'avoir fourni
les ingrediens, et quelques amplifications des deux premiers §§; des-
quelles le Bachelier a construit son Vorbericht, après en avoir re-
tranché une couple de traits contre l'Academie des sciences, que le
Prof. s'étoit proposé de bien ridiculiser, s'il avoit pu retoucher toute
la piéce. A-propos d'elle, et des Monades qui en sont l'objèt; il
faut que je vous envoie notre feuille litteraire d'aujourd'hui. Vous y
trouverez (Art. Zelle) un nouveau phenoméne — Monadier, dont
l'Auteur vous sera peutétre mieux connu, qu'à moi; qui n'ai jamais
entendu nommer un Savant du nom de Clavius, et qui ne sais qu'en
penser, quoiqu'il semble promettre monts et merveilles".

Von diesem Clavius sei — der Vollständigkeit halber — nur soviel erwähnt, daß er (nach Ztg. v. gel. Sachen 1. Febr. 1748, S. 88 ff.
„Zelle" u. Sonstigem) offenbar zur Klasse der verkannten Größen
gehörte und daß er seine nicht gekrönte Monadenarbeit gegen Voraus-
bezahlung drucken lassen will.

Wolff am 12. Februar 1748 (III 416): „Bey den Anmerckungen
des H. Prof. Kästners habe bloß dieses Bedencken, daß er saget p. 5.
die Dynamic sey auf die Trägheit der Materie gegründet, welches der
H. v. Leibnitz in seinem Specimine Dynamico, so in Actis Eruditorum
befindlich, tacite gegen den Newton wiederleget, denn obgleich in
communicatione motuum die Trägheit der Materie beobachtet werden
muß, so erfolgen doch die actiones nicht aus derselben, sondern ex
vi activa, und jene trägt bloß dieses dazu bey, daß alle Veränderungen
cum ratione sufficiente geschehen."

Wolff am 9. März 1748 (III 433): „Herr Formey hat mir . . . . . .
auch nomine Societatis ein exemplar von der Histoire de l'Academie
und dem Monaden-Streite zugeschickt. Das Avertissement ist eben
nicht sehr vorteilhaft vor den Rabulisten ausgefallen, der doch mit
seiner sonderbahren Bescheidenheit prahlet etc."

Wolff am 25. März 1748 (III 449 f): „Es ist bekandt genung,
daß, so groß er [nämlich Euler] im calculiren ist, und deswegen sein
gebührendes Lob verdienet, so unwißend er hingegen in allen andern
Sachen ist, und doch eine solche praesumtion von sich hat, daß nicht
nöthig ist sie zu stärcken. Es braucht zum Exempel keine Krafft

den gegenwärtigen Zustand der Ruhe, oder der Bewegung zu erhalten, sondern nur zu verändern. Daher Kepler die vim inertiae nicht vor eine Krafft angegeben den Zustand des Cörpers zu erhalten, sondern der Änderung seines Zustandes zu wiederstehen, wie auch Leibnitz in seinem Specimine dynamico gethan, und ich deswegen in der Cosmologie es auch bloß vor das principium passionum des Cörpers angegeben, welches dazu dienet, daß man verständig erklären kan, wie die Veränderung durch die actionem causae extrinsecae entstehet, damit alles mit genungsamer raison erfolget, nicht aber quidlibet ex quolibet. Newton aber hat seine Anhänger verblendet, da er die vim inertiae vor eine Krafft ausgegeben, dadurch der Cörper in seinem Zustande verharret, ohne den geringsten Beweis. Es ist nicht genung, daß nothwendig eine Veränderung erfolgen muß, wenn ein Cörper an den andern stößet, und also beyde unmöglich zugleich in ihrem Zustande verharren können; es muß ja auch eine Ursache vorhanden seyn, warum sie erfolget, und daher muß doch auch eine vis activa, als principium mutationis vorhanden seyn, wenn sie würcklich erfolgen sol. Daher betrügt man sich sehr, wieder die ersten Gründe der Vernunfft, wenn man vermeinet, es könne aus der bloßen Krafft in seinem Zustande zu verharren eine würckliche Änderung erfolgen bey solchen Umständen, da es unmöglich ist, daß die Cörper in ihrem Zustande verharren . . . . Es ist auch der consuetudini naturae entgegen, daß sie nicht auf ihre Erhaltung, sondern auf ihren Untergang gehen sol: welches hier zu zeigen nicht angehet. Und H. v. Leibnitz hat, nicht ohne Grund, dem Newton als einen nicht zu duldenden Fehler ausgeleget, daß die Welt eine Machine ist, daran Gott immer zu beßern nöthig hat. Es wäre zu wünschen, daß ein jeder Gelehrter in seiner Sphäre verbliebe, und außer derselben sich nicht die Geschicklichkeit zutraute, die er in derselben hat."

Hier ist eine größere Lücke im Briefwechsel. Im Juni 1748 erfahren wir von J. Fr. Müller aus Gießen Neues. Wolff schreibt nämlich (III 453): „Euler hat sich lediglich auf seine Einsicht verlaßen, und das gantze Complot mit Justi kommt von ihm her. Er hat vor diesem selbst wieder die Antimonadischen aufs heftigste geschrieben, nach diesem aber aus Ursachen, die zu erzehlen zu weitläuffig wäre, mir vor meine ihm erwiesene vielfältige Wohlthaten dadurch tort erweisen wollen."

Manteuffel am 30. Juni 1748 (III 455): „Le traité antimonadier, que je vous ai peutétre envoié . . . . . n'est pas de votre Muller de Giessen, mais d'un autre Muller, qui est à Weimar." Gemeint ist hier Gerhard Andreas Müllers „Unpartheiische Kritik der Leibnizischen Monadologie, bei Gelegenheit der berlinischen Aufgabe entworfen", Jena 1748. Der in Weimar lebende Verfasser will die Monadenlehre per indirectum (von der gegenseitigen Berührung und Einwirkung der Körper aus) widerlegen.

Manteuffel am 4. Juli 1748 (III 461): „Le Prof. Kaestner m'a apporté les remarques, qu'il a cru devoir faire sur le traité Antimonadier de Muller, et qu'il veut faire inserer dans le Magasin de Hamb., et je les joins ici, telles que je les reçus hier au soir." Kaestner hat aber diese Absicht nicht ausgeführt.

Wolff am 11. Juli 1748 (III 463 f.): „Er [Müller] ist von der Art derjenigen, welche sich über die wichtigsten Sachen machen und darinnen ihre Überklugheit wollen sehen laßen, ehe sie die ersten Gründe gelernet und jene zu verstehen imstande sind, und die das Vorurtheil haben, als wenn sie sich als große Leute zeigten, indem sie die grösten von ihren Landsleuten herunter machen um die Ausländer zu erheben. Es ist wahr, die sogenannte Philosophia Newtoniana hat außer Engelland in Franckreich, Italien und Holland vielen Beyfall gefunden, zum Verderb der Wißenschafften und zur Beförderung der Freydenckerey, welche der Religion und Redlichkeit den Umsturtz drohet. Allein dieses Spinnen-Gewebe wird selbst in Engelland wieder vergehen, wie es sich entsponnen. Die Wahrheit kan bloß bestehen, und bringet Früchte, die unverwerfflich sind. Der ander Müller und sogenannte Professor domesticus des Abgesandten, bringet nichts vor, als was er vor vielen Jahren selbst wiederleget. Er ist aber in beyde Sattel gerecht, nachdem es sein Interesse erfordert und seine mehr als vysische Affecten ihn verleiten etc. . . . Es ist also am besten, wenn man diese Fladder-Geister verachtet, und nur, wie der H. Prof. Kästner vor hat, sie kurtz abfertiget, damit sie andere kennen lernen."

Wolff am 4. August 1748 (III 498): „ . . . zumahl da Euler in allem, was nicht zum calculo integrali und der höheren Geometrie gehöret noch nicht ein Anfänger ist; und von den philosophischen

Disciplinen keinen Begriff hat, was sie eigentlich sind. Das Wort Philosophia Newtoniana, welches doch in dem Verstande, wie es genommen wird, ein purum non ens bedeutet, ob es gleich ein leeres Wort ist, thut den Wißenschafften gewaltigen Schaden, indem es macht, daß ein jeder, der nicht weiß, ob eine Philosophie ist, dadurch verleitet wird sich vor den größten Philosophen zu halten, und es kostet nicht viel Mühe um als ein solcher Philosophe paradiren zu können."

Manteuffel am 19. August 1748 (III 505): „Je fus d'ailleurs agréablement surpris hier au soir, quand on me fit voir une fort jolie préface que vous avez mise à la tète d'un petit ouvrage latin de feu Leibniz, et où vous avez; comme en passant; plaidé la cause des Monades. Je croiois cette controverse entierement tombée. Mais j'apprens, que notre Pr. Bel va donner au premier-jour, un extrait foudroiant du dernier plaidoyer de Justi, et que Mr. Stiebritz a composé une réponse à cet Avocat, où il lui applique des coups de grace, qui lui imposeront apparemment silence. Je ne doute pas non plus que, pour achever de lui couper la parole, quelcun de ces defenseurs de la verité ne fasse usage du peu que vous dites, dans la susmentionné préface, au sujet de cette fameuse dispute."

Tatsächlich finden sich in der von Wolff verfaßten Vorrede zu der 1748 neu herausgegebenen Jugendschrift von Leibniz „Nova methodus discendae docendaeque Juris prudentiae" folgende Sätze, die einzige offizielle Äußerung Wolffs anläßlich des Monadenstreites: „. . . cumque omni animi contentione in naturam corporum inquireret (sc. Leibnitius), ea sine vi activa concipi non posse, nec sine vi, qua omni mutationi resistunt, quae aliunde venit, didicit, tandemque agnovit, phaenomena ista intelligibili modo explicari minime posse, nisi admittantur substantiae simplices, quas monades appellavit. In eo autem sibi adeo satisfecit, ut mihi dixerit, se suum de monadibus systema eodem rigore demonstraturum, quo Euclides ac veteres Geometrae theoremata sua demonstrarunt."

Manteuffel am 5. September 1748 (II 311): „Je joins ici la feuille d'aujourd'hui, où vous trouverez un petit extrait du dernier écrit Anti-monadier de Justi."

In den „Neuen Zeitungen von Gelehrten Sachen" (5. Septebr. 1748, Leipzig, S. 647 f.) wird nämlich Justis neueste Schrift („J. H.

G. Justi zeiget in dieser Schrift die Nichtigkeit aller Einwürfe und unhöflichen Anfälle, welche wider seine Untersuchung der Lehre von den Monaden und einfachen Dingen zum Vorschein gekommen sind, u. leget den unpartheyischen den Ungrund der Monaden und einfachen Dinge fernerweit klar vor Augen") mit Bezug darauf, daß sie auf S. 18 ff. einen Angriff auf Bels Kritik enthält, rezensiert, und zwar läuft die halb ironische, halb verächtlich gehaltene Kritik weniger auf das Sachliche als auf das Persönliche hinaus, so daß sie für uns nicht weiter von Interesse ist.

Wolff am 8. September 1748 (III 515): „Da der Sangerhausische Advocat sich soviel auf seine satyrische Schreib-Art einbildet, so hätte ihm nicht beßer können begegnet werden, als in den Leipziger gelehrten Zeitungen geschehen, wo er auch einen beßeren Begriff von einer von einem pöbelhafften Witze entfernten und mit der Wahrheit einstimmenden Satyre erhalten kan, wenn anders seine Scharffsinnigkeit zureichen wil, und die bey ihm herrschende Eigenliebe nebst anderen unanständigen Begierden dieselbe nicht noch mehr verdunckelt etc."

Wolff am 26. September 1748 (III 531): „Um andre Sachen hat er (Maupertuis) sich nicht bekümmert, außer daß er den Lock de intellectu humano mag gelesen haben, mit dem sich die attractiones der Newtonianer und einige Begriffe von terminis aus des Newtons Principiis Philosophiae naturalis mathematicis [hier fehlt das Verbum], die auch in die Metaphysick gehören und darinnen verständlich zu erklären sind."

Über Mathematik vom Schlage Eulers urteilt Wolff am 4. Okt. 1748 (III 540): „Das acumen pervidendi abstracta in concretis, wie ich es zu nennen pflege, fehlet ihnen, und die Verachtung der Metaphysick läßet sie dazu nicht gelangen."

Wolff am 26. Okt. 1748 (III 548): „Ich habe . . . das dritte Stücke des VIten Bandes der Ergetzungen der vernünfftigen Seele erhalten. Ist der Autor von der darinnen enthaltenen Vorstellung gegen die Einwürffe wieder die Würcklichkeit der Monaden nicht bekannt? Ich hätte es ihm vorher sagen wollen, daß er damit wieder den Justi nichts ausrichten würde. Denn diesem ist es nicht um die Wahrheit zu thun. Er schreibt um das Brodt und suchet Brodt.

Daher vertheidiget er Meinungen, wodurch er daßelbe zu erhalten
gedencket. Er bildete sich ein, Euler könnte ihm durch seine
Recommendation zu der Profession des Juris publici auf unserer
Universität verhelffen, und dadurch seiner Recommendation das gröste
Gewichte geben, wenn er ihm den Preiß von der Academie ver-
schaffte. Und deswegen fieng er einen Krieg wieder die Monaden
an, die er gerne würde defendiret haben, wenn er dadurch eine Be-
dienung zu erhalten gewußt. Da er nun aber aus keiner anderen
Absicht seine satyrische Schmierereyen und Wiederlegungen unter
dem angenehmen Titel der Ergetzungen der vernünfftigen Seele öffentlich bekandt macht, als daß er dadurch seine vermeinte ausnehmende
Einsicht und das Übergewichte der Größe seines Verstandes über dem
Verstand anderer Gelehrten, selbst der berühmtesten Männer zu zeigen
gedencket; so wird er nimmer mehr zugeben, daß er geirret, oder
weniger gesehen, als andere, wenn er auch gleich gestehen sollte,
zweymahl zwey sey nicht nothwendig vier. Wir haben deßen eine
klare Probe ˙in den beygefügten Anmerckungen über die Vorstellung
gegen die Einwürffe wieder die Monaden, wenn er saget: Der Verfaßer desselben irre sich, wenn er glaubet, daß er aus einem zerschnittenen Quadrate zwey Triangel bekomme. Es wären weiter
nichts als zwey Stücke eines Quadrates. Wenn er zwey Triangel
daraus haben wollte, so müste er noch zu jedem Stücke eine besondere Linie ziehen. Wer hat denn aber gesagt, daß die mathematischen
Linien, die bloß durch den Verstand begriffen werden, und nichts
anders als die Gräntze der Figur sind, mit Dinte oder Bleystiffte
gezogene Linien seyn müsten, als die bloß in continuo signa termi-
norum sind. Kan nicht ein . . . (?) die Figur eines Quadrates
haben, ohne daß im Umfange Linien gezogen sind, und haben nicht
die beyde Theile die Figur eines Triangels, wenn daßelbe nach der
Diagonale zerschnitten wird. Solche Antworten kan man wohl von
einem Rabulisten erwarten, der gewohnet ist eine schlimme Sache
nur damit zu vertheidigen, daß er etwas gesaget hat, aber nicht von
einem, der die Wahrheit kennet und liebet. Solcher Proben findet
man gar viel mehrere in seinen Anmerckungen. Ich halte es also
vor eine vergebene Arbeit wieder ihn zu schreiben, es wäre denn,
daß man ihm somit seine Abfertigung gäbe, daß man zeigte, er sey

nicht der Mann, mit dem man sich in dergleichen Sachen [mit ihm][1])
in Streit einließe, indem es ihm sowohl an nöthigem Verstande, als
einem aufrichtigen Willen fehlte, wozu man handgreifliche Gründe
aus seinen Ergetzungen vor von der Vernunfft noch weit entfernte
und diese noch nicht kennende Seelen in großer Menge finden
würde."

Wolff hat im Auge die „Bescheidene Vorstellung der unbeweg-
lichen Gründe, welche die Nichtigkeit einer unendlichen Theilbarkeit
der Materie deutlich vor Augen legen; und hergegen die ungegrün-
deten Einwürfe wider die Wircklichkeit der Monaden gründlich beantworten. Von R. R." (Ergötzungen, 6. Bd. 3. St. September
1748 S. 227 ff.). Der Verfasser bekennt, daß er zunächst durch die
Justischen Ausführungen überzeugt sich erst nach reifer Überlegung
zur Gegenpartei geschlagen habe. Im 1. Teil rückt er die im
Monadenstreit nicht gebührend gewürdigte Frage nach Teilbarkeit
und Geteiltheit ins Licht, lehrt die mathematische und verwirft die
physische unendliche Teilbarkeit. Im 2. Teil entgegnet er auf die
bekannten Einwürfe wider die Monadenlehre. Justi repliziert in
Anmerkungen. Speziell auf S. 272 weist der Verfasser nach, daß,
was dem Ganzen zukommt, nicht auch dem Teil zukommen müsse,
da die zwei Dreiecke, in die sich ein Quadrat zerlegen läßt, nicht
auch quadratisch seien. Justi bemerkt dazu: „Der Herr Verfasser
irret sich, wenn er glaubt, daß er aus einem zerschnittenen Quadrate
zwey Triangel bekomme. Es sind weiter nichts als zwey Stücke
eines Quadrats. Wenn er zwey Triangel haben will, muß er noch
zu jedem Stück eine besondere Linie ziehen."

In dem letzten erhalten Brief zum Monadenstreit (5. Nov. 1748,
III 549) schlägt Wolff wiederum die bekannten Töne persönlicher
Gereiztheit gegen Justi an, ohne jedoch sonst eine bemerkenswerte
Äußerung zu tun. Damit ist das Material des Briefwechsels zu Ende.
In der Tat war auch um diese Zeit der Monadenstreit zum größten
Teile schon abgeflaut. Wir wissen aber aus dem Kondolenzbriefe
Reaumurs zu Wolffs Tod vom 9. Mai 1754 (Gottsched, historische
Lobschrift, Beilagen S. 95 f.), daß Wolff sich mit literarischen Pro-

---

[1]) als störend wegzulassen.

jekten trug, die eine Auseinandersetzung mit der Newtonschen Schule im großen Stil bedeutet hätten. Die Stelle lautet: „Ce qu'il m'y a dît du projet de ses travaux, n'a pas l'etendue que Vous pouvez avoir imaginé, il est reduit à peu de lignes que voici: Quod maxime doleo, qui mortem non horreo, id unicum est, quod laborem, quem iam adolescens mihi proposueram, quemadmodum alias me ad te scripsisse memini, exantlare nequeam; sed meliorem partem intactam relinquere, inprimis etiam in generalissima saltem physicae[1]) parte ostendere decreveram: quomodo physicum, mathematicum et metaphysicum, quod est fons omnium phaenomenorum, sit discernendum, et quatenus imaginaria dimittenda; quaenam tenenda de aequipollentia hypothesium in explicandis phaenomenis, ne veritati praeiudicetur, id quod in notione virium quoque observandum. Quamvis enim hodie mathematici termino dynamicae utantur, eam tamen notionem non habent, quae fuit Leibnitio: quamvis in ipsa quoque dynamica Mathematicus iam admisceat imaginaria salvo tamen metaphysico."[2])

Anhangsweise sei hier noch berichtet von einem im Briefwechsel (III 457 ff.) auftauchenden „Lehrer der Jugend" aus Lübeck, namens Tieffensee, einem „savant brouillon", wie ihn Manteuffel nennt (III 485), einem Metaphysiker auf eigene Faust, der sich im Gegensatz zu den Fachphilosophen für einen Entdecker bahnbrechender Wahrheiten hält und ein Systema reale physicum geschrieben hat, das aber in der gleichzeitigen Literatur nirgends eine Spur hinterlassen und nur Wolff das Urteil entlockt hat: „. . . enthält daßelbe in sich unreiffe Gedanken mit ungewöhnlichen Worten ausgedrückt" (III 457). Der Briefwechsel weist von ihm eine sehr ausführliche handschriftliche Replik zu seinem Buch auf (III 471 ff.), die von Substanzen, einfachen Dingen, vom Kausalbegriff etc. längst Gesagtes als neu doziert und den Abdruck nicht lohnt.

---

[1]) Cf. oben S. 99!

[2]) Eine vollständige Aufzählung der Literatur zum Monadenstreit ist unseres Wissens noch nicht versucht worden und kann auch nicht im Rahmen unserer Aufgabe liegen. Hingewiesen sei wenigstens noch in zitierender Form auf Kants naturphilosoph. Schriften („Schätzung der lebendigen Kräfte", „Monad. phys.", „Gegdn. im Raume" etc.) und auf — Lessings Drama „Der junge Gelehrte."

IV. Kapitel: Psychologie.

Aus den zerstreuten Bemerkungen über die Imaginatio, die Einbildungskraft, — einen Terminus, den erst Wolff in der Philosophie heimisch gemacht hat — heben wir folgende heraus, die indessen nichts Neues gegenüber den sonstigen Lehren Wolffs bieten. (cf. Ps. emp. §§ 92, 93, 97, 102, 106; Ps. r. §§ 178, 179, 206, 208, 209, 213, 344). Wolff am 15. April 1744 (II 113): „Ich nehme an, daß wenn ich mir durch dieselbe (die Einbildungskraft) eine lebhafte idée von einer abwesenden Sache mache, sich dieselbe mit der idea visibilis, so nur wenige Aehnlichkeit hat, in eines confundiren lässet, und daher alles, was in ihr enthalten, zugleich in dem visibili erscheinet. Dieses geschiehet nicht vor die lange Weile, sondern ich habe es aus vielfältiger Erfahrung gelernet. So besinne ich mich, daß ich an einer beschmutzten Spanischen Wand, die vor dem Bette stund, darinnen ich lag, ordentlich einen tief geschorenen Priester im Meßgewande abgemahlet gesehen, und indem ich die idée zur Deutlichkeit zu bringen gesucht, alles her erzehlen können, was dazu gehöret, unerachtet andere nichts als einen irregulären Flecken gesehen, ja ich selbst zu anderer Zeit das Bild nicht wieder finden können, unterweilen gar nicht, unterweilen aber nach mühsamer Anstrengung der Imagination. Es ist auch dieses denen principiis psychologicis von der Einbildungs-Krafft gemäß, wie einer leicht daraus beweisen kan, wenn er auch bloß dasjenige inne hat, was ich in der deutschen Metaphysick von der Seele aus der Erfahrung beygebracht. Ich besinne mich auch hier, wie ich mehr als einmahl auf dem Postwagen in den gebrochenen Wolcken durch die Vereinigung der Würckung der Sinnen und der Einbildungs-Krafft allerhand wunderbahre Gesichter gehabt.“ Wolff am 27. April 1747 (III 122 f.): „Sehen die größten Algebraisten und

Geometrae entia imaginaria vor realia an; wie wir das Exempel an
Newton und erst kürzlich an H. Eulern haben; warum sollen sie
nicht auch so leichte die Würckungen der Einbildungs-Krafft mit den
Würckungen der Sinnen, als den Würckungen des Verstandes vermengen können? Thun auch ein gleiches große Philosophi, als Cartesius und Spinosa, warum sollen sie nicht auch die Vorstellungen
der Einbildungs-Krafft mit den Vorstellungen der Sinnen vermengen
können? Wenn man dieses noch nicht begreiffet, muß man noch
nicht erfahren haben, was die Einbildungs-Krafft vermag, sonderlich
im Finsteren oder auch wenn durch einen hefftigen Affect; dergleichen Schrecken und Furcht sind; die Aufmercksamkeit von
dem, was in die Sinnen fället, abgezogen wird. . . . Ich wil
mir im Finstern, und auch bey Tage in einer Sache, die nicht
die geringste Ähnlichkeit mit etwas anderm hat, allerhand so leb-
hafft vorstellen, als wenn ich es sähe, und einem anderen alles
deutlich beschreiben, was ich sehe, wo derselbe nicht das geringste
davon siehet."

Näheres Eingehen erfordert wieder, was der Briefwechsel bezüglich
Reinbecks Schrift „Philosophische Gedanken über die vernünfftige Seele und derselben Unsterblichkeit" (Berlin 1739)
enthält. Dies Buch, das erst in deutscher, dann in französischer
Ausgabe erschien, kennzeichnet in der Vorrede seinen Standpunkt
durch einen Lobpreis Wolffs. Es ist in der Tat im ganzen genommen
aus dessen Gedankenwelt herausgewachsen. Auch trägt es den
Stempel des Geistes der Gründlichkeit in der breiten und sorgfältigen
Anlage von allen möglichen Neben- und Unterbauten. Zugleich aber
soll es im Gegensatz zu Wolffs schwerer systematischer Schreibart in
leichtem Stile den Erweis der Unsterblichkeit darbieten. Die Definition der Unsterblichkeit lautet: „Unsterblich nennen wir, was nicht
allein sein Leben niemals verliert, sondern was auch eines solchen
Wesens und einer solchen Natur ist, daß es sein Leben für sich
niemals verlieren kann" (S. 28). „Einem bloß leidenden Ding pflegt
man kein Leben zuzuschreiben" (S. 29). „Wenn demnach eine Seele
überhaupt unsterblich heißen soll, so muß sie allemal, sie mag in
Umstände kommen, in welche sie will, im Stande sein, nicht nur
tätige Vorstellungen, sondern auch gewisse Neigungen und Begierden

in sich hervor zu bringen" (S. 31). „Folglich müssen wir dieselbe
(die vernünftige Seele) unsterblich nennen, wenn sie allemal im Stande
bleibet, diese ihre Kraft und Wirksamkeit (vor allem das Begriffs-
und Urteilsvermögen), sie mag gleich in Umstände kommen, in welche
sie will, auf eine tätige Art zu beweisen" (S. 32). Reinbeck defi-
niert also die Unsterblichkeit als naturgemäße Existenzfortdauer und
leitet erst daraus die Fortdauer der vernünftigen Vorstellungen ab.
Wolff hingegen nimmt die Fortdauer der vernünftigen Vorstellungen
sogleich mit in die Definition hinein (Psych. rat. § 737). Nun
Reinbecks Unsterblichkeitsbeweis! Die Seele ist nichts Zusammengesetztes (keine Maschine) und nichts Materielles, vielmehr ein einfaches und unteilbares Ding. Infolgedessen ist sie unverweslich und
unzerstörbar; auch kann sie niemals ihre Wirklichkeit und ihr Wesen
verlieren und bleibt stets klarer und deutlicher Begriffe fähig. In
diesem Zusammenhang wird die von Fontenelle (Nachr. v. d. Ak. d. W.
zu Paris 1703) mitgeteilte Geschichte von einem Taubstummen zitiert,
der plötzlich Gehör und Sprache wieder bekam, und die gegen Fontenelle gerichtete Behauptung aufgestellt, daß dieser im Zustande der
Taubstummheit doch deutliche und vernünftige Begriffe gehabt habe.
Eine von ihrem Leibe geschiedene Seele befindet sich nach Reinbeck
nicht in einem Schlafzustande, sondern ist sich ihrer bewußt und
vermag vernünftig zu denken. Diese These würde sich von der noch
immer problematischen Leibniz-Wolffischen Theorie der prästabilierten
Harmonie aus sofort erhärten lassen. Der Verfasser aber leitet — nicht
im Gegensatz zu Wolff, sondern auf andere Art — den Nachweis
hiefür aus der Existenz des „reinen (von körperlichen Organen absolut
unabhängigen) Verstandes" in der Seele ab und hätte offenbar gerne
aus dem Munde des Meisters das Ehrenprädikat eines Weiterbildners
erhalten. Besonders eingehend wird ferner der Zustand der kleinen
Kinder nach dem Tode untersucht. Es wird gefragt, „ob denn auch
solche wohl nach dem Tode zu deutlichen Begriffen und einem wirklichen Erkenntnis ihres gegenwärtigen Zustandes gelangen könnten,
da sie dergleichen in ihrem Leben noch nicht gehabt hätten". Dies
wird als faktisch demonstriert und zur Erklärung folgendes bemerkt:
das freilich nicht mehr rein psychologische Problem des Ursprungs
der menschlichen Seele löst sich dahin, daß der embryonale Urstoff

des zu erzeugenden Leibes von dem weiblichen Teil, dagegen die
präexistente, mit körperlicher Hülle und körperlichen Organen ver-
bundene Seele von dem männlichen Teil herrührt und daß die Seele
bei der Begattung das Unwesentliche ihrer körperlichen Hülle zurück-
läßt, „ihr eigentümliches und von ihr unabsonderliches körperliches
Wohnhaus" dagegen beibehält. Demnach ist eine organische Prä-
formation der Seele anzunehmen, derzufolge die Zeugung eigentlich
nur Transformation ist. Von hier aus wird folgende ausdrücklich als
solche bezeichnete Hypothese aufgestellt. Nach dem Tode der kleinen
Kinder befinde sich ihre Seele wiederum samt dem uranfänglichen
körperlichen Wohnhaus noch innerhalb der geschaffenen Welt. Durch
die Berührung mit dieser sollen nun in der Seele Empfindungen und
infolge davon Selbstbewußtsein und vernünftige Vorstellungen entstehen. Von diesen Gedanken sind Wolff als Leibnizschüler der einer
Präexistenz der Seele in organisierten Körperchen, der Transformation
und Postexistenz durchaus geläufig, nicht aber das (nicht hierher-
gehörige) physiologische und biologische Detail. Am Ende der Schrift
Reinbecks findet sich der „Abdruck eines Manuscripts, worinnen behauptet wird, daß die Materie denke". In der ersten der von Reinbeck dazu gesetzten Anmerkungen wird nachgewiesen, daß dies ein
Buch Voltaires ist.

Wir kommen nun zu den Äußerungen des Briefwechsels.

Wolff am 20. Jan. 1740 (I 170): „Bey der Erzeugung des Menschen in Ansehung der præformation habe etwas wahrgenommen, was
ich nicht concipiren und mit meinem Systemate metaphysico zusammenreimen kan. Ich wil mich aber zu seiner Zeit umständlicher und
deutlicher erklären."

Manteuffel am 31. Jan. 1740 (I 174): „Ce que vous me faites
celuy (nämlich l'honneur) de me dire, au sujet du nouveau livre de
Mr. R., m'a donnè la curiosità de chercher dans vos écrits Meta-
phisiques, quels y sont vos sentimens sur ce que vous appellez la
prèformation, et je crois l'avoir trouvè dans votre Psychologie raisonnable, où vous raisonnez amplement sur la prèexistance des ames . . .
Mais il me semble, que quoique vous n'y disiez pas les mèmes choses
que nòtre ami, celuy-cy n'avance rien, qui ne puisse ètre combinè
avec votre sentiment."

Wolff am 7. Febr. 1740 (I 32 f.): „Des Herrn Probst Reinbecks
Traktat habe zu lesen angefangen, und gefället mir derselbe sehr wohl,
weil er eingerichtet ist nach dem Begriffe derer, die des Nachdenckens
bald müde werden. Und dannenhero zweiffele nicht, daß er gute
Dienste thun werde. Künfftig wil ein mehreres schreiben, wenn erst
den Tractat gantz durchgelesen."

Noch am 17. Febr. 1740 (I 176) hat Wolff vielleicht nicht ohne
Absicht nicht die genügende Zeit zur sorgfältigen Lektüre der Schrift
Reinbecks gefunden, obwohl Manteuffel und der Autor längst auf sein
Urteil warten.

Manteuffel am 21. Febr. 1740 (I 178): „J'attens avec une vraie
impatience, que vous aiez achevè de lire le traitè de l'immortalitè de
l'ame. Mr. R. en est, au moins, aussi impatient que moi, se flattant
que vous aurez la bontè de nous communiquer avec franchise ce que
vous en pensez; d'autant plus qu'il y a un ou deux endroits, où il
croit que ses sentimens different un peu des vòtres, quoique ils ne
leur soient pas contraires. Il se fera un veritable plaisir de se corriger, si vous trouvez qu'il se soit trompè, et que vous veuillez bien
luy indiquer les raisons de son tort."

Manteuffel am 19. März 1740 (I 183): „Aiant souvent raisonné
ensemble, Mr. R. et moi, sur ce que vous me mandates, il y a quelque tems, qu'il vous avoit semblè, en feuilletant la premiere fois son
traitè de l'immortalitè de l'Ame, qu'il s'étoit, en quelques endroits,
eloignè de vos sentimens; nous avons tachè de deviner ces endroits
là, et nous croions y avoir reussi, au moins, en partie. Outre ce
que j'en ai conjecturè en particulier; comme j'ai pris la liberté de
vous le mander; nous mettons p. e. au nombre des dits endroits, celuy
de vòtre Psychologie, où vous definissez l'immortalitè de l'ame; Mr. R.
n'aiant pas cru pouvoir emploier cette definition, parce qu'elle ne lui
semble pas applicable aux ames des petits enfans, qu'il ne croit pas
moins susceptibles de notions, ny moins immortelles, que celles des
hommes faits, quoiqu'elles ne soient jamais parvenues à l'usage des
idèes distinctes, dont on ne sauroit cependant leur disputer la facultè.
Un autre endroit, où il me semble s'ètre eloignè pareillement de vos
sentimens, c'est à l'occasion de la question; si un homme sourd et
muet; tel que celuy, dont le fameux Fontenelle raconte l'histoire;

est capable de raisonner? Vous soutenez, ce me semble, la Negative, en citant comme une espece de preuve, l'exemple du muet de Fontenelle; tandisque R. est pour l'affirmative, et a entrepris de combatre l'opinion de Fontenelle; ou, pour ainsi dire, les consequences, que se savant tire de son recit."

Wolff löst auch am 3. April 1740 (I 185) sein Versprechen einer ausführlichen Kritik noch nicht ein: „Die kleinen Kinder machen keinen Anstand wieder die Unsterblichkeit der Seele nach der von mir hiervon gegebenen Erklärung, wie ich es umständlich zeigen wil. Auch hat es keine Schwierigkeit bey der Frage, ob ein Taub und stummer raisonniren könne? Aber auch hiervon mit nächstem ein mehreres."

Wolff am 7. Mai 1740 (I 191): „Mein Hauptzweiffel gehet auf das, was er von Erzeugung der Menschen beybringet. Und ich habe Brieffe erhalten, daß man sich auch anderes Orten daran stößet, und vermeinet, es werde dem H. Probst hierinnen schwerlich ein Naturkundiger Beyfall geben können."

Manteuffel am 15. Mai 1740 (I 193 f.): „Vous avez raison de dire, que Mr. R. a ètè attaquè par d'autres savans, sur l'hypothese qu'il a hazardè d'åvancer, à l'occasion de la propagation des hommes ... Mr. R. s'est contentè, de leur repondre, qu'il n'a jamais pensè à donner cette opinion pour une veritè dèmontrèe, et qu'il sera prèt à y renoncer, dès qu'on y en aura substituer une meilleure, ou qu'on luy aura prouvè, que ce qu'il a avancè à cet egard est faux, ou qu'il implique quelque contradiction. [Klingt wörtlich an §§ 134, 138, 140, 142 des Traktates an]. Or c'est ce que personne n'a fait, que je sache, jusques à present." Ob es zu der versprochenen ausführlichen Kritik Wolffs wirklich gekommen ist, wissen wir nicht. Erhalten ist sie jedenfalls im Briefwechsel nicht. Auch enthält W.s Briefw. mit Reinbeck bei Büsching I nichts Einschlägiges.

Über den Ursprung der Tierseele äußert sich Wolff anknüpfend an ein Experiment Reaumurs, welches darin besteht, daß aus den zerschnittenen Teilen eines gewissen insectum aquaticum oder von stellæ marinæ (II 50) lauter ganze Tiere entstehen sollen. Er schreibt nämlich (II 48 ff.): „Es vermeinet dieser große Naturalist (daß ich mich des Wortes in dem Verstande bediene, wie man es in Frankreich von denen nimmet, welche sich auf die historiam naturalem legen): Dieser besondere modus generationis mache eine große Schwierigkeit in der Metaphysick, woher die Seele so vieler Thiere komme, da doch das Thier, welches zerschnitten wird, nur eine Seele hat, hingegen diese sich nicht wie deßelben Leib zerschneiden läßet, daß aus einem Stücke der Seele, wiederum eine gantze Seele würde. Allein ich habe verwichene Nacht, da ich vom Schlafe erwacht, nachgedacht, welches doch wohl die wahre Ursache von dieser Erzeugung der insectorum sey, und woher folgends ein jedes Thier seine Seele bekomme, und ich vermeine es herausgebracht zu haben . . . Wenn man voraussetzet, was durch das erste Experiment entdecket worden, so fället es nicht schwer zu begreiffen, wie ein Leib viele Köpfe und ein Kopf viele Leiber bekommen kan. Denn vermöge deßelben wächset ein Kopf aus dem Hintertheile mit seinem dazu gehörigen Fördertheile, und hingegen ein Schwantz oder Hintertheil aus dem Fördertheile etc. . . . Allein hieraus läßet sich noch nicht begreiffen, wo die vielen Seelen herkommen, wenn aus einem Stücke ein gantzes Thier wird. Derowegen ist erst nöthig zu wißen, wie es zugehet, daß aus einem Stück ein gantzes Thier werden kan. Man weiß heute zu Tage, daß in dem Saamen des Männleins, wovon die Fruchtbahrkeit des Weibleins dependiret, unzehlich viele Saamen-Thierlein anzutreffen sind, aus deren einem per evolutionem das Thier generiret wird. Der Saame wird von dem Geblütte in denen testiculis abgesondert, und dannenhero müßen gedachte Thierlein in dem Geblütte befindlich seyn, welches aus der Art und Weise, wie die secretio geschiehet, auch leicht apriori zu begreiffen ist. Da nun in dieser evolution die organa des Thieres, wie solches die observationes des Malpighii de ovo incubato bestetigen, nach und nach herauswachsen, wie die verschiedenen Blätter und Blumen einer Pflantze; so kan es nicht wohl anders seyn, als daß derjenige Theil des Thieres, der abgeschnitten worden, durch die evolution eines im Geblütte vorhandenen Thierleins herauswächset und an den übrigen Theil anwächset. Nun hat jedes von denen Saamen-Thierlein, auch wenn sie im Geblütte vorhanden sind, seine Seele, welche, vermöge der principiorum Psychologicorum, mit dem Leibe, harmonicis mutationibus unterworffen ist.

Und auf solche Weise ist sich nicht zu verwundern, wenn ein Stücke eine besondere Seele bekommet, indem es zu einem gantzen Thiere wird. Ich sehe wohl ein, daß diese theoria generationis noch nicht complete ist, sondern noch verschiedene Fragen sowohl in Ansehung des Leibes, als der Seele zu beantworten übrig sind: allein es würde zu weitläuffig fallen, wenn ich mich jetzt auf deren Beantwortung einlaßen wollte. Nur ein Zweiffel scheinet nothwendig zu haben zu seyn, der einem bey dieser Erklärung leicht einfallen könnte. Da in dem Geblüthe aller Thiere und selbst der Menschen dergleichen Thierlein vorhanden sind, so könnte man vermeinen, es müsse solchergestalt auch bey anderen Thieren angehen, daß aus einem Theile wieder ein gantzes Thier wüchse: welches doch aber nicht geschiehet. Derowegen ist zu merken, daß dieses nicht angehet, als wenn der Theil von dem Thiere, der von dem andern abgeschnitten wird, nicht allein lebend bleibet, bis die evolution eines Thierleins geschehen kan, sondern auch noch andere durch fernere Experimente zu entdeckende requisita vorhanden sind, ohne welche keine evolution geschehen mag, gleichwie nicht aus allen Setzlingen oder Reisern von Bäumen sich ein gantzer Baum ziehen läßet ... Aristoteles hat eine generationem aequivocam statuiret, da insecta generiret werden sine congressu maris et fœmellae. Man hat es, da die Cartesianische Philosophie aufkommen, verworffen als ein leeres Wort, welches bloß ein asylum ignorantiae wäre. Allein die Erzeugung der Polypen aus ihren Stücken justificiret nunmehr dieselbe, und zeiget, daß man zu frühzeitig verworffen, was man nicht verständlich erklären können, da man es nur so lange vor ungewis hätte halten sollen, biß man die Möglichkeit a posteriori hätte ausgemacht, oder die Unmöglichkeit demonstriret. Denn eigentlich kan man nichts verwerffen als deßen Unmöglichkeit man demonstriren kan. Was aber ungewis ist, sol einen aufmuntern die Sache weiter zu untersuchen. Ich zweiffele auch nicht, daß mehrere Arten der generationum aequivocarum, welche von dem ordentlichen Wege der Natur abgehen, vorhanden sind, man auch mehrere entdecken wird, wenn man sich nur angelegen seyn läßet die Sache zu untersuchen." In dem kurzen Kapitel De animabus Brutorum (Psych. rat. S. 665 ff. spez. § 768) ist diese Frage nicht berührt.

Nach dem Ort der Seele gefragt antwortete Wolff einst, wie er am 10. Sept. 1747 (III 282) berichtet, „daß von der Seele als einem einfachen Wesen diese Frage gar nicht stat fände". In seinen Werken ist Wolff auf diese „ungereimte Frage" nicht näher eingegangen, wie er selbst sagt (III 288), cf. jedoch Psych. rat. § 49 (nullum replet spatium) und Theol. nat. I §§ 1034—1041, 1045 (animae in loco esse nequeunt, sie sind aber ut in loco).

5. Kapitel: Religionsphilosophie.

Gegen die „Profanität", d. h. Materialismus, Skeptizismus, Atheismus, Deismus und Freidenkertum nimmt Wolff im Briefwechsel energisch Stellung (cf. gelegentliche Äußerungen oben Kap. 2 bei Châtelet und Kap. 3, ferner Theol. rat. Pars II Sect. II). Brauchbare Waffen zum Kampfe liefert nach seiner Überzeugung allein seine Philosophie.[1]) Seine Gedanken sind zur Überwindung des Unglaubens berufen. Für seine Person jedoch hält er sich zurück. „Ich halte davor, daß ich eine nützlichere Arbeit verrichte, wenn ich in meinen Wercken fortfahre, als wenn ich mich mit Wiederlegung der heutigen Freydencker abgeben wollte" (III 379). Am 5. Juli 1739 schreibt er (I 113): „Die Engelländer, welche für die natürliche Religion seyn wollen, thun mehr Schaden, als daß sie gutes stifften sollten. Sie verstehen den methodum nicht, und kan man die Schwäche ihrer Schlüsse gar leicht einsehen. Die beste Würckung, die sie haben können, ist diese, daß sie diejenigen, die sich in der Profanität fest gesetzt zu haben vermeinen, zu dem Scepticismo bringen. Die geoffenbahrte Religion ist ohne dem nur ihr Gespötte, und ist es schon längst gewesen, auch bey denen, die sie als ein Gewerbe brauchen. Bey den Engelländern aber ist wenig auszurichen, weil sie sich allein für klug halten. Ihnen ist nicht anders beyzukommen, als daß sie zu gründlicher Erkäntnis des methodi gelangen und durch deßen praxin den sensum evidentiae bekommen, indem sie den Gebrauch der höheren Fakultäten der Seele von den unteren recht unterscheiden lernen. Wie dieses zu erhalten stehet, zeige ich auf das allerdeutlichste in der Commentatione de studio mathematico recte instituendo, welche zu dem Beschluß der Elementorum Matheseos

---

[1]) Cf. die ähnliche Stellungnahme Leibnizens; ferner Heilemann, Die Gotteslehre Wolffs (Dissert.) 1907.

[El. Math. V. 2. Teil Kap. 1 und 2] kommet, und nun unter der Preße ist. Allein ich sehe auch zum voraus, daß dieses diesen hohen Geistern Kindereyen seyn werden, die man zu verachten hat. Engelland hat Frankreich verdorben. Und also werden noch zur Zeit die Italiener wohl die einigen verbleiben, bey denen meine Philosophie einige Würckung hat. Unsere Deutschen sind zu geschwinde, und hangen bloß an den conclusionibus, verlaßen aber den methodum, oder machen ihnen einen gantz unrichtigen Begriff davon. Vielleicht aber gehen einem, oder dem andern die Augen auf, wenn sie lesen werden, was ich in erst jetzt erwehnter Commentatione geschrieben." (Cf. auch I 53 f, 92 f, 200, II 281.)

Was Wolffs Stellung zu Spinoza betrifft, so ist sie von ihm vor allem in den Hallenser Streitigkeiten fixiert worden. Allein noch immer ist der Vorwurf auf Spinozismus nicht erloschen. Noch immer lauern die Feinde darauf, ihn aus Wolffs eigenen Äußerungen zu erhärten. Darum rät Manteuffel zu einer unzweideutigen literarischen Absage an die détestables principes des Spinosistes (II 7 ff und oben S. 45). Allein Wolff lehnt dies ab (21. Jan. 1743 II 10): „. . . . indem ich diejenigen nicht mag zu Feinden haben, die dabey [einer Sache mit Deschamps] interessiret sind und Gelegenheit finden an hohem Orte unvermerckt wiedriges zu insinuiren, dagegen man sich nicht verantworten kan: wie denn auch deswegen mit dem Unterschiede meiner Lehren und des Systematis Spinosae nicht viel lermen machen mag, nachdem ich mich in dem andern Theile meiner Theologiae naturalis [Pars II §§ 671—716][1] aus eben dieser Absicht genug erkläret." Cf. ferner Wolffs Äußerungen vom 26. April 1745 (II 243): „Spinosa ist durchgehends als der größte Atheist beschrieen, und weiß ich niemanden, der anderer Meinung von ihm gewesen, als den Herrn von Tschirnhausen, der viel auf ihn hielt und ihn in vielem nachzuahmen suchte; unterdeßen ist doch bekandt, daß er viel ehrlicher, aufrichtiger, dienstfertiger und uninteressirter gewesen, als alle stolze Heiligen unserer Zeiten und als die meisten Orthodoxen". „Der Herr von Tschirnhausen wollte nicht einräumen, daß Spinosa Gott und die Natur miteinander vermengte,

---

[1]) Cf. etwa auch Wolffs Schrift De differentia nexus rerum sapientis et fatalis necessitatis 1724 und Chr. W.'s Erinnerung Lpzg. Gel. Ztgn. 1723.

und erinnere ich mich noch gantz eigentlich, daß er zu mir sagte, er habe eine viel nachdrücklichere Definition von Gott, als Cartesius gegeben." (III 241). Cf. unten ein ähnliches Urteil über Voltaire, ferner Gottsched, Hist. Lobschr. S. 18 und Verweyen, Tschirnhaus S. 111 ff.

Reiche, aber für uns wertlose Mitteilungen finden sich auch über den Freidenker Hatzfeld, sein Buch Découverte de la vérité und Wolffs Protest gegen den Mißbrauch seines Namens zu Reklamezwecken (II 268 ff). Ähnlich können wir über Edelmann, von dem gleichfalls im Briefwechsel lange gehandelt wird (III 45 ff.), mit der kurzen Bemerkung hinweggehen, daß Wolff über seine Lehren sehr entrüstet ist, es sich jedoch zur Ehre rechnet von ihm angegriffen zu werden, und sich für eine brauchbare Widerlegung interessiert, die aber gar nicht so leicht sei.

Beachtenswert sind wieder die Äußerungen über Lamettrie. Formey am 26. Dezbr. 1747 an Manteuffel (III 376): „Nous avons un petit livre, qui fait quelque bruit ici, sous le titre de l'Homme Machine. Ce n'est au fonds qu'une repetition de choses qui ont été cent fois dites, et cent fois réfutées."

Wolff am 2. Jan. 1748 (III 380): „So ist mir auch der Frantzösische Tractat, daß der Mensch eine Machine sey, nicht bekandt. Ich kan aber leicht ermeßen, daß weiter nichts als der Materialismus darinnen wird vertheidiget werden, und zwar nach Art der Freydencker mit solchen Gründen, die denen in die Augen fallen, die gründlich dencken noch nicht gelernet. Es stehet dahin, ob der Autor noch soviel Geschicklichkeit besitzet, wie Hobbesius und seine Anhänger in Engelland. Denn der Frantzösische Fladder-Geist wil nur was sinnliches haben, das andre ist ihm zu trocken und unschmackhafft."

So sehr auch Wolff und zwar mit Recht von Lamettrie abrückt, so ist doch nicht zu vergessen, daß auch nach ihm der Mensch in gewisser Beziehung eine Maschine ist.[1] Von dem (zusammengesetzten) Körper sagt er dies ausdrücklich. Von der Seele als einem einfachen Wesen kann er es nicht tun. Aber er lehrt doch, daß der Lauf des seelischen Geschehens streng determiniert und der Bewegung einer

[1] Darauf finde ich nur bei Biedermann II, 1 S. 424 ff. deutlich hingewiesen.

Maschine wenigstens vergleichbar ist (cf. Gerhardt Briefwechsel zw.
Leibn. u. W. S. 47: Cogitationes in mente non minus necessaria rota-
tione se subsequi puto ac motus rotarum in machina etc.). Allerdings sind nach Wolff Leib und Seele toto genere verschieden,
während sie nach Lamettrie zusammenfallen. Trotzdem hat Wolff
(vor allem in der Psychologia rationalis) sich Lamettrie nähernd seine
Seelenlehre physiologisch zu begründen versucht. (Cf. auch Deutsche
Metaphysik § 740; „materielle Ideen"!)

Breiten Raum nehmen die Vermutungen bezüglich des Verfassers
ein, bis schließlich die Wahrheit bekannt wird.

Wolff am 14. Jan. 1748 (III 385/6): „Was die Sache selbst be-
trift, so gehet des Autoris Meinung allerdings bloß dahin, daß außer
der Materie kein anderes Wesen möglich sey und zwischen Menschen
und Thieren kein Unterschied sey, als daß die organa der Thiere
nicht disponiret sind Wörter auszusprechen. Wenn man diese könnte
reden lernen, würde man sie zu Menschen machen, welches er insonderheit bey den Affen nicht vor unmöglich hält. Er wil von weiter
nichts als von der Imagination wißen, deren Werckstaat das Gehirne
ist. Verstand, Vernunfft und was sonst von der Seele gesagt wird,
hält er vor Wörter, die leere Thone sind. Alle Philosophen und
insonderheit die Theologen hält er so verächtlich wie Edelmann, nur
daß er nicht so grob und unverschämet in seinen Ausdrückungen ist.
Alles was er vorbringt, laufft dahin aus, daß in der Seele nichts vorgehet, da nicht ex mechanismo corporis eine gewiße Veränderung in
dem Gehirne sich ereignet, wie man im Systemate harmoniae praesta-
bilitae haben wil, keines weges aber, daß daßelbe mit dem, was in
der Seele vorgehet, einerley sei. Er wil bloß die Medicos vor die
wahren Philosophen und die ächten Lehrer der Weltweisheit erkennen,
gleich als wenn diejenigen, welche außer den Cörpern noch immate-
rielle Dinge behaupten und die Metaphysick excoliren, nicht auch sich
um die Anatomie und observationes Medicorum, die eine Relation auf
die Seele haben, bekümmerten. Ich weiß nicht, ob H. Hallern viel
damit wird gedienet seyn, daß er ihn zu seiner Zunfft rechnet . . .
Es ist in Engelland schon vor langer Zeit gnung von dem Materialismo
herauskommen, da man zu Folge des Hobbesii mit aller Macht denselben behaupten wollen: es hat aber noch niemand etwas hervor-

gebracht, was bey denen, welche nur ein wenig in der Metaphysick versiret sind, oder auch nur eine gute Logick in der Übung haben, einigen Schein hätte. Unseres Schweitzers [für einen solchen hielt Wolff den Verfasser zunächst] Geschwätze aber heißet gar nichts."

Manteuffel 6. Febr. 1748 an Wolff (III 405): „J'y ajouterai l'extrait de l'Homme-machine, que le Prof. Bel a envie de mettre dans notre gasette litteraire. Je lui ai dit, d'y inserer encore les circonstances, que vous m'avez mandées, en vos deux derniéres lettres, touchant le véritable Auteur de cette brochure, et je ne doute pas qu'il ne le fasse à-moins que vous n'y trouviez à redire."

Wolff am 9. Febr. 1748 (III 411): „ . . . . die Recension von L'Homme Machine, die sehr wohl gerathen, und hierbey wieder zurücke kommet."

Wolff am 12. Febr. 1748 (III 416): „ . . . . füge bey, daß ich vor sehr nöthig hielte, es würde bey der Recension L'Homme machine der Nahme Lametrie hinzugesetzt, als der der wahre Autor ist, und, wie gedacht, ein Frantzose, der wegen seiner Atheisterey aus Franckreich weichen müßen."

Es ist offenbar folgende Recension gemeint, die sich im Briefwechsel an dieser Stelle findet (III 413 f.). Sie erschien abgesehen von einem eingeschobenen Satz fast ganz unverändert in den „Neuen Zeitungen von Gelehrten Sachen", 22. Febr. 1748 unter „Leyden", S. 138 ff. „Unter der Aufschrift: L'Homme machine, ist auf 5. Bogen in (12), bey Elias Luzac, eine neue Vertheidigung eines alten Lehrgebäudes gedruckt. Wir thun dem H. Verfasser mit dem Urtheil, das in dieser Anzeige zugleich begriffen ist, gar nicht Unrecht. Denn er gesteht es selbst in den ersten Zeilen der vorgesetzten Zuschrift an den H. Haller. Ehe wir aber daßelbe durch unsern Auszug ebenfalls bey den Lesern rechtfertigen: müßen wir denen, die es etwa noch nicht wißen, die Nachricht geben, daß die angezeigten Blätter von Berlin an den Verleger zu Leyden geschickt worden. Dieser versichert in dem Vorbericht, daß er den H. Verfaßer nicht kenne: indem er bey Übersendung der geschriebenen Bogen nur ersuchet sey, sechs Stücke von dem Abdruck an den H. Marquis d'Argens zu übermachen." In der gedruckten Rezension ist hier noch folgender Satz eingeschoben: „Wir wissen inzwischen zuverlässig, daß der Verfasser, Lametrie, der sich fälschlich vor einen Schweitzer ausgegeben, ein der Atheisterey wegen flüchtiger Franzose sey, der sich durch nichts besseres bekannt zu machen gewust hat." Dann geht es weiter: „Die Abhandlung selbst fängt sich mit einigen Einwürfen an, die wieder die Leibnitzianer, Cartesianer und Vertheidiger der Offenbahrung gemacht werden. Ob sich dabey gleich vieles erinnern ließe, so übergehen wir es doch, der Kürze wegen, um von der Hauptsache das Nöthigste beyzubringen. Es läßt sich bey dieser alles auf eine vierfache Untersuchung zurückleiten. Mit der ersten bemühet man sich, durch die Erfahrung zu zeigen, daß sich der Zustand unserer Seelen nach dem Zustande des Körpers allezeit richte. Das geben wir gerne zu: nur darf man daraus nicht bestimmt, sondern unbestimmt schließen. Es folgt daraus, daß die Seele entweder als ein für sich bestehendes Wesen in genauer Verbindung mit dem Körper stehen, oder als kein für sich bestehendes Wesen schlechterdings von dem letztern abhangen müße. Wer das letzte bestimmt behaupten will, der muß vorher das erste durch richtige Gründe umstoßen. Dis ist weder hier noch in dem folgenden geschehen. Da wir also für das erstere bekannte und sichere Beweisthümer haben, und das letztere gehörig umzustoßen wißen: so bleibt bisher der Vortheil noch auf unserer Seiten. Man hat es auch wohl gemercket und deswegen die zweyte Untersuchung beygefügt. In derselben wird zwischen dem körperlichen Bau des Menschen und der Thiere nach der Zergliederungskunst, und zwischen den Handlungen dieser und jener nach der Erfahrung ein Vergleich angestellet. Man findet bey dem Menschen das meiste und bey den Thieren immer weniger Gehirn, je weiter sie sich äußerlich von den Menschen unterscheiden. Das ist dem Herrn Verfaßer Grund genug, zu schließen, daß hierinn alle Verschiedenheit liege: wenn man nur außer der Menge des Gehirns auch die Beschaffenheit deßelben in Betrachtung ziehet. Er gestehet, daß man zwischen dem Gehirn und dem Denken keine Verbindung zeigen könne. Dennoch nimmt er nach Belieben an, daß in dem Gehirn eine Einbildungskraft stecke. Auf diese kommt bey ihm alles hinaus: wir mögen es Verstand, Beurtheilungskraft oder anders nennen. Da aber die Handlungen der Thiere ebendas, was man an den Menschen bemercket, äußerlich zu erkennen geben: so ist es billig, sie auch mit diesen in eine Claße zu setzen. Der Mensch unterscheidet sich bloß durch die Organisation seines Gehirns und ganzen Körpers. Wäre diese bey den Thieren eben so vollkommen: so würden sie nach einer gehörigen Unterweisung, die bey dem Menschen gleichfalls nöthig ist, nichts anders, als Menschen seyn. Und so glaubet man, weil alles hierauf hinausgeleitet ist, die Maschine wohl erklärt zu haben. Allein es ist damit in der That nichts gewonnen. Es wird offenbar vorausgesetzet, es sey möglich, daß ein organisirter Körper die Kraft zu denken habe. Nun aber beweisen diejenigen, welche die Seele für das einzige denkende Wesen in dem Menschen ansehen, daß dis schlechterdings unmöglich sey. Folglich hätte der Herr Verfaßer entweder die Möglichkeit mit hinreichenden Gründen darthun, oder die Gegenbeweise wenigstens umstoßen müßen. Keines von beyden hat er für dienlich geachtet. Jedoch bemühet er sich durch die dritte Untersuchung allen Einwürfen vorzubeugen. Er stellet eine Reihe von zehen bewährten Erfahrungen auf und schließet aus denselben, daß ein jedes Fäserlein an den menschlichen und thierischen Körpern einen inneren Grund der Bewegung mit sich verbunden habe. Weil aber auf die Weise gar zu viele Triebfedern in der Maschine sind, die keine regelmäßige Bewegung machen würden, wenn nicht eine einzige sie alle in Ordnung hielte: so kommt dem H. Verfaßer zu gutem Glück des Hippocrates ἐνορμῶν, oder die bewegende Kraft, welche den ganzen Körper treibet, zu statten. Diese ist also die vornehmste Triebfeder, welche in dem Gehirn ihren Sitz hat und alle übrigen regiert. Wir können dis alles zugeben. Denn was ist bekannter, als daß ein jeder Körper eine Bewegungskraft habe? Wie läßt sich aber von der Bewegungskraft auf die Kraft zu empfinden und zu denken schließen? Es bleibt so lange unmöglich, daß aus der Bewegung das Empfinden und Denken entstehe, bis das Gegentheil erwiesen ist. Man darf aber nicht besorgen, daß es dazu kommen werde. Endlich macht auch die vierte Untersuchung nicht viel Bedenken. Es wird darinn die Ähnlichkeit bey der Erzeugung der Menschen, der Thiere und der Pflanzen gezeiget. Alles, was dabey vorkommt, betrifft bloß das Körperliche. Wir geben gerne zu, daß die Natur immer auf ähnliche Art wirke: so viel es die Verschiedenheit der zu erzeugenden Dinge leidet. Wenn aber daraus geschloßen wird, daß man die Natur an die Stelle des höchsten Wesens setzen dürfe: so ist das ein gewaltiger Sprung, den wir nicht eher nachzuthun wagen können, bis wir den H. Verfaßer im Stande sehn, uns dabey vor der Gefahr zu fallen Sicherheit zu schaffen. Er hat zwar im vorhergehenden etwas mit einfließen laßen, das vielleicht dazu dienen soll: allein es ist bey weitem nicht hinlänglich. Wir haben hiemit unsern Lesern das hauptsächlichste von der angekündigten Schrift mitgetheilet. Man wird schon daraus abnehmen können, daß die Rüstung des H. Verfaßers nicht so gar fürchterlich sey. Sollen wir einen Vergleich machen: so ist uns ein altes und verdorbenes Gericht mit einer frischen Brühe wieder aufgetragen. Sie ist aber nicht so stark gewürzet, daß man jenes davor nicht merken sollte."

Wolff am 2. Nov. 1748 (III 551 f.): „. . . nehme mir die Freyheit unsere gelehrte Correspondenz fortzusetzen. Es giebet mir hierzu Anlaß das berüchtigte Scriptum, welches man dem La Metrie zuschreibet [während Diderot der wirkliche Verfasser ist], und aus dem Frantzösischen in das Deutsche übersetzt worden, unter dem Titel: Philosophische Gedanken mit der Beyschrift, dieser Fisch ist nicht vor alle [Die Philosophische Gedanken mit der Beyschrift, „dieser Fisch ist nicht vor alle", Gedruckt Haag oder vielmehr Paris 1746, Vernünftig und Christlich beantwortet, „Christen werfen faule Fische weg" Evg. Matth. 13, 48, Halle 1748]. Man hat im Deutschen zwar bei einem jeden § [die Schrift ist aphoristisch gehalten] eine Beantwortung hinzugesetzt; allein sie scheinet schlecht gerathen zu seyn, und werden die Vorurtheile, welche die Frantzosen durch ihren einnehmenden Vortrag den Gemütern zu insinuiren wißen, dem Leser schweerlich benehmen, der nicht von einem Eifer vor dasjenige, was er gelernet hat, eingenommen wird. Es hat in einem jeden Irrthume etwas wahres, welches öfters vor sich in anderen Fällen durch die in dem Vortrage gebrauchten Ausdrücke dem Leser in die Augen leuchtet und in dem das irrige durch die Affecten ihm beliebt gemacht wird, seinen Beyfall erreget. Und bey dieser Beschaffenheit der Leser, ist kein einiger Irrthum ein Fisch vor alle: es werden sich doch aber immer einige finden, die Geschmack daran haben, nachdem es viele, oder wenige giebet, die sich blenden zu laßen aufgeleget sind. Ich

wil vor diesesmahl nur bey dem ersten bleiben, womit der Autor den
Anfang macht. Er wil behaupten „nur die Affecten und die großen
Affecten wären es, die die Seele zu großen Dingen erheben können.
Ohne sie sey nichts erhabenes weder in den Sitten, noch Handlungen.
Die schönen Künste verfielen wieder in ihre Kindheit, und die Tugend
würde Grillenfängerei und Kleinigkeit. Mäßige Affecten machten gemeine Menschen; gedämpfte und verloschene entehrten außerordentliche Menschen" [Zitat!]. Es ist an dem, daß die Affecten nicht an
sich bloß böse sind: ich kan aber auch nicht sagen, daß sie Theils
gut, Theils böse sind, sondern an sich betrachtet sind sie weder gut,
noch böse, werden aber ein Trieb zum guten, wenn man sie recht
gebrauchet, oder dazu verwendet, worauf uns die Vernunft führet,
hingegen ein Trieb zum bösen, wenn man sie mißbrauchet, oder dazu
anwendet, worauf uns die Sinnen mit der Einbildungskraft bringen.
Die Thiere haben auf weiter nichts als auf ihre Erhaltung und die
Fortpflantzung ihres Geschlechtes zu sehen. Und ein jedes hat nach
seiner Art soviel von den Affecten, als dazu nöthig ist. Und diese
sind der Trieb zu ihren Handlungen, der bey ihnen verbleibet, wie
er von Natur ist, und nicht gemisbraucht werden kan. Die Menschen
sind nicht wie die Thiere sich allein gnung, sondern ein jeder hat
vielfältige Hülffe anderer nöthig, und einer muß dieses, der andre
etwas anderes beytragen, damit sie insgesammt versorget sind. Daher
sind auch die Affecten unter ihnen verschiedentlich ausgetheilet, und
entstehen daher die natürlichen Neigungen und Abneigungen derselben,
wodurch einer zu diesem, ein anderer zu etwas anderm Lust bekommet. Der Mensch aber hat auch einen Verstand und, wenn deßen
fertiger Gebrauch befördert wird, gelanget er zur Vernunft, wodurch
die Affecten ein Trieb zum guten werden, und bey einem diese, bey
einem andern eine andere Tugend zu einem ausnehmenden Grade er-
höhet werden kan. Hingegen wenn der Verstand zu seinem völligen
Gebrauche nicht gelanget, und daher die Vernunft Abbruch leidet
und durch Irrthum verderbet wird; so entstehet ein Misbrauch der
Affecten, und werden dieselben ein Trieb zum Bösen und erhöhen
bey einem dieses, bey einem ein anderes Laster zu einem hohen
Graden. Es kommet aber bey dem Verstande sehr vieles an auf die
Art der Wahrheiten, zu deren Erkäntnis er angewandt wird, damit

die Affecten auf die rechte Seite können gelencket werden: denn sonst
kan ein fertiger Gebrauch des Verstandes viel Böses verursachen, wo
man in den Handlungen von der Wahrheit abgehet und die sogenannten
virtutes intellectuales [formales: acumen, ingenium etc., materiales:
intelligentia, scientia etc. cf. Eth. I] bey Lenckung der Affecten auf
die schlimme Seite anwendet. Dieses alles nun sollte eigentlich in
der Ethik, oder Sittenlehre sowohl überhaupt, als bey den besonderen
Arten der Tugend ausgeführet werden: mir ist aber noch kein Buch
von dieser Art bekannt, darinnen es geschehen wäre. Und hierauf
habe ich mein Augenmerck gleich in der Jugend gerichtet, da ich
mir vorgenommen diesen Theil der Weltweisheit zu cultiviren. Ich
verhoffe auch, wenn ich mit dem Jure Gentium werde zu stande seyn,
und mich Gott länger in gegenwärtigem Zustande erhält, in dem ersten
Theile der Ethik bald ein mehreres Licht zu geben. Ich vermeine
aber aus demjenigen, was ich gesaget, sey zur Gnüge klar, daß der
Frantzose doch nicht den rechten Fisch gefangen, und bey seiner
vermeinten großen Einsicht den Fisch noch nicht kennen lernen, der
die Speise eines Vernünftigen ist. Unterdeßen wird der Wiederspruch
desjenigen, der ihm antworten wollen und seinen Fisch als einen
faulen weggeworffen, weder den Frantzosen, der ihn gefangen, noch
denjenigen, die Geschmack daran finden, denselben versaltzen können,
er mag ihn vor so vernünfftig und christlich ansehen, als er wil.
Euer HochReichsgräf. Excellenz sehen hieraus, daß ich gar vieles zu
sagen hätte, wenn ich alle unphilosophischen Gedancken dieses Frantzosen
in Erwegung ziehen sollte."

Wir kommen zu Voltaire, der nach Charakter und Standpunkt
das Gegenteil Wolffs ist, diesem aber wegen der erlittenen Verfolgungen
seine Sympathie nicht versagen konnte. Manteuffel am 15. Juni 1739
(I 104): „Voltaire, luy mème, est un homme qui n'a aucun principe
fixe. Son genie plus vaste que solide; soutenu d'une Philautie de-
mesurée, et d'un desir outré de passer pour un esprit universel et
superieur; le porte cependant à embrasser et à soutenir avec vivacité
les opinions les plus extraordinaires. Etant de ce gout là, il ne faut
pas étre surpris, qu'il donne, à corps perdu, dans le Materialisme et
le Scepticisme, ne cachant pas mème à ses confidens, qu'il est Athée.
Il est d'ailleurs d'une humeur turbulente, inégale, emportée, mordente,

et tellement livrè à la vilainie, à la debauche la plus infame, et à
tout ce qui est le plus opposé à la probité, et à sagesse, qu'il n'y
a que la crainte des supplices qui l'empeche de professer ouvertement
la sceleratesse."

Wolff am 7. Mai 1741 (I 266): „. . . Voltaire, der als ein Poëte
mehr Imagination als judicium hat, und [als Newtonianer] schlecht
philosophieret."

Am 6. Oktober 1743 berichtet Wolff von einem Besuch, den ihm
Voltaire auf der Durchreise in sehr liebenswürdiger Weise abgestattet
habe (II 65). Bald folgte ein zweiter (II 66, 75): „Es ist derselbe
freylich kein großer Heiliger, dergleichen er auch nicht zu sein prae-
tendiret. Unterdeßen habe ich ihn doch gantz anders befunden, als
man ihn beschrieben. Es haben ihm verschiedene Studiosi ihre Stamm-
Bücher offeriret, in die er alle etwas zu meiner Honneur geschrieben."
Selber nämlich für Schmeichelei ungemein empfänglich wußte Voltaire
auch den gefeierten Professor an diesem Punkte zu packen, indem
er in die Bücher schrieb: „Wolfio philosophante, Rege philosopho
regnante et Germania plaudente Athenas Halenses invisi" (Gottsch.
Hist. Lobschr. S. 118 und Wolffs Selbstbiogr.).

Wolff am 3. Nov. 1743 (II 75, cf. II 69): „Euer HochReichsgräfl.
Excellenz dancke unterthänigst vor die durch H. Spenern mir er-
theilte Nachricht von dem H. de Voltaire, wie er gegen mich ge-
sinnet. Ich bin aus dem, was ich aus der Relation anderer, die mit
in des Königes Suite waren, vernommen, als auch aus dem Umgange,
den ich beydemahl mit ihm gehabt, als er hier durch gegangen, gnung-
sam überzeuget, daß er vor meine Person mehrere Hochachtung hat,
als ich praetendiren könnte, wenn ich selbst aus mir etwas machte,
auch mich so glückseelig machen würde, als immer nuhr möglich
wäre, wenn es in seinen Kräfften stünde."

Wolff am 19. April 1745 (II 235): „Man schreibet mir unter
andern aus Holland, daß daselbst der VI te Tomus von den Wercken
des Herrn de Voltaire herauskommen, worinnen auch ein Briefwechsel
zwischen S. K. M. in Preußen und ihm befindlich, worinnen viel vor-
theilhafftes von meiner Person von beyden Theilen enthalten seyn soll."

Wolff am 26. April 1745 (II 243 f.): „Euer HochReichsgräfl.
Excellenz statte vor das unter dem 23. h überschickte Praesent des

VIten Tomi des de Voltaire meinen unterthänigsten Danck ab. Ich habe nicht allein diejenigen Oerter nachgeschlagen, welche Euer HRgräfl. Excellenz zu notiren geruhet, sondern auch hin und wieder Verschiedenes gelesen. Daraus habe den Herrn de Voltaire gantz anders kennen lernen, als man mir sonst ihn abgebildet, und dieses kommet mit dem beßer überein, was ich von ihm angemercket, als ich ihn mündlich gesprochen, und ich von seinem Bezeigen gegen mich erfahren. Ich sehe, daß er nicht allein sehr belesen und viele Erfahrung hat; sondern auch außer seinem zur Poësie erforderten Witze einen guten natürlichen Verstand besitzet, und dabey Liebe zur Wahrheit und mehr Ehrlichkeit, als man bei der Geistlichkeit insgemein antrifft, auch deswegen niemanden Feind ist, der andere Meinungen als er hat, noch die verachtet, welche sich auf andere Sachen als er legen. Er schreibet freylich frey, und mag wohl wie die anderen Gelehrten in Franckreich in dem frantzösischen Verstande ein Deiste seyn, der bloß eine natürliche Religion hat und die Wohllüste, wozu einer von Natur Neigung hat, vor nichts unrechtes halten: allein er ist doch ein ehrlicher Mann, der nicht seine Affecten über sich herrschen läßet anderen zu schaden ... In diesem Stücke ist de Voltaire völlig mit mir einstimmig, daß man jederzeit auf das gute sehen müße, was einer an sich hat, und dabey die Gebrechen [fehlt das Verbum], an denen es wohl keinem Menschen fehlet. Unterdeßen gehen seine Einsichten freilich nicht jederzeit so weit, daß man sie vor gründlich achten könnte, und wäre bey diesem und jenem noch manches zu erinnern. Z. E. Es ist wahr, daß man eine Sache als gut und auch als schlimm vorstellen kan, und darauf gründet sich die Kunst der alten Sophisten, so noch heute zu Tage bey den Großen der Welt nicht gantz verloschen, ein jedes zu loben und zu schelten, nachdem es einem gefället, wozu uns auch in meiner Jugend Gryphius in der Oratorie, wiewohl mit meinem innerlichen Misvergnügen anführte, und worinnen unter den alten Carneades vor allen andern den Vorzug erhalten; allein dieses kommet daher, daß man den Unterschied inter propositiones determinatas et non sufficienter determinatas nicht gnung einsiehet, und führet in der That zum Scepticismo, der deswegen gefährlich ist, weil die Menschen nach diesem die Sache jederzeit von der guten Seite ansehen, und sich zu vielem verderb-

lichem Wesen verleiten laßen, welches sie damit vor andern beschei-
nigen, auch wohl sich selbst in ihrem Gewißen damit rechtfertigen
wollen. Vielleicht haben Euer HochReichsgräfl. Excellenz schon selbst
Proben davon in denen in diesem VIten Tomo des H. de Voltaire
befindlichen Brieffen angemercket."

Der 6. Band der Oeuvres de Mr. de Voltaire, Amsterdam
u. Leipzig 1745, enthält allerdings verschiedene Briefe Voltaires und
Friedrichs d. Gr., zum guten Teil aus dessen Kronprinzenzeit, die
Wolff, le plus célèbre philosophe de nos jours, mit hohem Lob aus-
zeichnen (cf. S. 180, 356 ff., 359, 364 ff.). Indessen ist das Lob
seitens Voltaires immer einige Grade tiefer gestimmt als das seines
königlichen Freundes und Verehrers, der in den Jahren vor seiner
Thronbesteigung am stärksten von Wolffs Gedanken gefesselt war.
Bekanntlich kam Friedrich d. Gr. je länger je mehr vom Wolffischen
Standpunkt zurück, und wenn Wolff vollständigere Kenntnis von dem
Briefwechsel zwischen Voltaire und Friedrich bis zum Jahre 1745
gehabt hätte als ihm die obige Ausgabe bot, so würde er sich ver-
mutlich weniger zufrieden geäußert haben.

An Wolffs persönlicher Gläubigkeit kann kein Zweifel sein.
Es ist sicherlich nicht als Phrase gemeint, wenn er an zahllosen
Stellen unseres Briefwechsels Wendungen gebraucht, wie: „Wenn mir
Gott meine Kräfte erhält" (I 2) — „. . . ich nicht weiß, ob mir
Gott ein hohes Alter vergönnen wird" (I 6) — „. . . woferne es
Gott gefallen sollte mich eher von dieser Welt abzufordern" (I 31) —
„Gott, von dem wir alles Gute nach seinem weisen Rathschluß zu
erwarten haben, wolle nicht allein dieses Jahr, sondern noch viele
darauf folgende Euer HochReichsgräfl. Excellenz und dero hohes Haus
mit allem Segen in überflüßigem Maße überschütten" (II 1) — „Ich
habe solange in der Welt bey der Wahrheit gehalten und Gottes Vorsorge vor mich gantz besonders dabey erfahren" (II 15) — „Der
AllerHöchste erhalte Euer HochReichsgräfl. Excellenz nicht allein dieses
Jahr" etc. (III 1) — „. . . wenn ich nicht längst gelernet mich in
allem, was nicht in meiner Gewalt stehet, der göttlichen Vorsehung
zu überlaßen" (III 78) usw. usw.

Hinsichtlich der Gotteslehre schreibt Wolff am 9. Sept. 1748
(III 515 f.): „Ich glaube auch, daß er [Maupertuis] durch seinen